本书阅读与研讨丛书

《红楼梦》

阅读课

张悦 著

河北出版传媒集团
河北教育出版社

图书在版编目（CIP）数据

《红楼梦》阅读课 / 张悦著 . -- 2 版 . -- 石家庄：
河北教育出版社 , 2022.1
（整本书阅读与研讨丛书 / 吴欣歆主编）
ISBN 978-7-5545-6197-3

Ⅰ . ①红… Ⅱ . ①张… Ⅲ . ①阅读课 – 高中 – 教学参
考资料 Ⅳ . ① G634.333

中国版本图书馆 CIP 数据核字 (2021) 第 255250 号

《红楼梦》阅读课
《HONGLOUMENG》YUEDUKE

著　　者	张　悦
策　　划	董素山　张　辉
责任编辑	孙亚蒙
装帧设计	郝　旭

出　　版	河北出版传媒集团
	河北教育出版社　http://www.hbep.com
	（石家庄市联盟路705号，050061）
印　　制	山东德州新华印务有限责任公司
排　　版	保定市万方数据处理有限公司
开　　本	787mm×1092mm　1/16
印　　张	11
字　　数	176千字
版　　次	2022年1月第2版
印　　次	2022年1月第1次印刷
书　　号	ISBN 978-7-5545-6197-3
定　　价	42.00元

前　言

　　"整本书阅读与研讨"是《普通高中语文课程标准（2017 年版）》十八个学习任务群之一，是语文学习的重要内容，其重要性毋庸置疑。为了帮助更多的中学生通过阅读整本书，探索阅读门径，拓展阅读视野，建构阅读经验，形成适合自己的读书方法，提升阅读鉴赏能力，我们组织了一批优秀的中学语文教师，为大家选定书目，开设"阅读课"。

　　"整本书阅读与研讨丛书"的呈现方式为"阅读课+原典"，用意有二：一是帮助中学生树立版本意识，第一次接触的就是比较好的版本，未来选书的时候也会有高标准；二是便于查阅，"阅读课"上引用的原典就在手边，能够随时翻阅，重读、细读部分内容，跟"老师"形成良好的互动。

　　"阅读课"包括五部分：经典溯源、阅读门径、名家视点、延伸导航、研究旨要。"经典溯源"从创作的背景、出版发行、受到关注的变化历程以及研究视角的转型等方面讨论这部作品"为什么会成为经典"，启发中学生思考经典的永恒价值和当代意义，思考我们阅读经典的真实目的。"阅读门径"是"阅读课"的重中之重，提供阅读这本书或者这类书的合理路径与方法。需要说明的是，选入"整本书阅读与研讨丛书"的书目涉及类型相对丰富，不同类型的作品，阅读门径有所不同，这一章提供了丰富多彩的阅读任务，这些任务能够引领中学生走进作品，寻幽探秘。"名家视点"梳理了研究这部作品的主要观点，有助于中学生从文学评论的角度深度理解作品，写法与文献综述类似，从中可以梳理探究文献综述的撰写方法，为研究性学习奠定基础。"延伸导航"主要提供拓展阅读的书目，不同类型的作品拓展阅读的角度也有所不同，"阅读课"不仅提供了书目，还提供了找到这些书目的路径，知道从哪些范围去找书，这是扩大阅读视野的先决条件。"研究旨要"侧重引领基于阅读开展的研究性学习，其中包括做研究的一般流程，适合中学生使用的研究方法，结合具体的作品给出样例，以供参考借鉴。

原典是精心选择的适合中学生阅读的版本，不必多说。"阅读课"的"主讲教师"全部来自北京，选定北京的教师开设"阅读课"，主要考虑地缘优势，研讨方便，观摩教学方便，互相提建议也方便。编写过程中，我们说得最多的一句话是"这是写给中学生看的，马虎不得"，书中设计的阅读任务大多经过教学实践的检验，经过检验后的调整和优化，使用的语言经过几个轮次的打磨，尽量和蔼可亲，贴近中学生的接受水平。

这是一套挺朴实的书，希望用合宜的内容、合理的互动、恰切的文字吸引中学生，在使用上我有三点建议：

其一，在阅读原典的基础上修习"阅读课"。"阅读课"不是代替阅读的，而是辅助完整阅读、深入阅读的。没有零距离接触原典，任何分析鉴赏、什么视角观点都无法提升你的阅读素养，换言之，读书是自己的事情，无人可以替代。如果你自己完成整本书的阅读有困难，可以边上"阅读课"边阅读，在"老师"的帮助下读完原典。

其二，努力完成"阅读门径"中提供的任务。"阅读门径"中提供的任务按照阅读整本书的基本目标设计，属于"入门级"。如果你对这本书感兴趣，可以尽量多关注"延伸导航"提供的拓展书目，这属于"发烧级"。如果你未来有从事语文学习与研究的愿望，期待你按照"研究旨要"的提示完成一项研究性学习任务，这属于"旗舰级"。你可在中学阶段多修习几次"阅读课"，逐步实现不同级别的进阶。

其三，跟周围的同学分享自己的阅读收获。"学而时习之"是自己读书之乐，"有朋自远方来"是分享心得之乐，"人不知而不愠"是得到上面两种乐趣之后的平和心态。倘若有两三位同学一起阅读同一本书，一起讨论探索，交流感悟，实在是乐事。不同的收获往往源自不同的思考方式，在分享过程中拓展思考视角，丰富思想内涵，是中学生自我发展的有效策略。

鲍鹏山老师说："我们读经典，初衷不是获得知识，而是让你有一个判断的标准。是非善恶美丑标准从哪里来？经典就是建立这套标准的。""整本书阅读与研讨丛书"共十种，期待这些经典走进你的书房，帮你建立起看世界的标准。

感谢人民大学附属中学季雪娟、清华大学附属中学赵岩、北京市第一六一中学郭翠翠和张悦、中央民族大学附属中学周明鉴和李延帅、北京朝阳外国语学校程现亮和李丽娟、北京师范大学第三附属中学刘婉婷、北京教育学院石景山分院纪秋香等十位老师，他们在繁忙的教学工作中努力探索，认真写作，承担起语文教育中的一份责任。期待大家成为真正的阅读者，享受阅读的宁静愉悦。

吴欣歆

2019 年 5 月

目 录

《红楼梦》阅读课

第一章

经典溯源

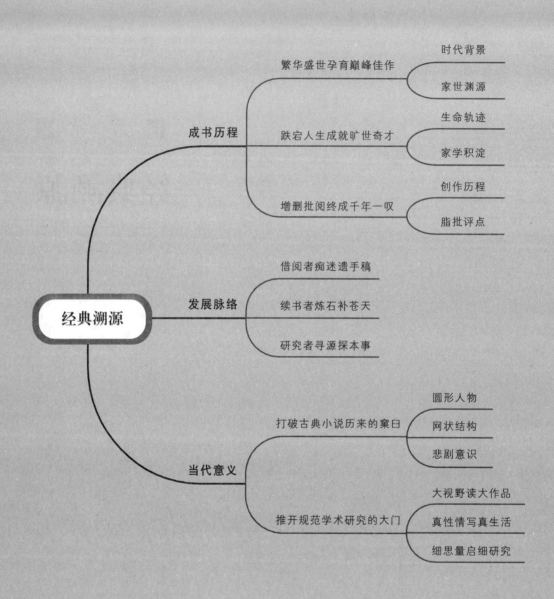

经典溯源

- 成书历程
  - 繁华盛世孕育巅峰佳作
    - 时代背景
    - 家世渊源
  - 跌宕人生成就旷世奇才
    - 生命轨迹
    - 家学积淀
  - 增删批阅终成千年一叹
    - 创作历程
    - 脂批评点
- 发展脉络
  - 借阅者痴迷遗手稿
  - 续书者炼石补苍天
  - 研究者寻源探本事
- 当代意义
  - 打破古典小说历来的窠臼
    - 圆形人物
    - 网状结构
    - 悲剧意识
  - 推开规范学术研究的大门
    - 大视野读大作品
    - 真性情写真生活
    - 细思量启细研究

　　《红楼梦》作为中国古典小说的最高峰，在文学史上有着无可撼动的地位和里程碑式的意义。鲁迅对《红楼梦》的价值作过这样的评价："自有《红楼梦》出来以后，传统的思想和写法都打破了——它那文章的旖旎和缠绵，倒是还在其次的事。"①《红楼梦》之所以能够成为古典小说的丰碑和巅峰，是因为它打破了古典小说历来的窠臼与藩篱。

　　任何事物的发展都不是一蹴而就的，经典作品的形成同样如此。《红楼梦》不是生而为经典的，也不是随着曹雪芹逐字落笔盖棺定论的，而是在流传过程中不断经典化的。《红楼梦》成书于18世纪中叶，最初的手稿由曹雪芹创作，经脂砚斋阅评誊抄，以抄本的形式在亲友中传阅。1791年，程伟元、高鹗编辑整理成了一百二十回的印本。那时坊间流传着"闲谈不说《红楼梦》，读尽诗书也枉然"的俗语，足见《红楼梦》在当时的广泛影响。从《红楼梦》开始创作到问世，各种评点、续书、研究专著层出不穷，不可枚数。关注《红楼梦》从酝酿之日到成为经典的流变过程，能够让大家感受到它历久弥新的艺术魅力。

第一节　成书历程

　　创作是《红楼梦》经典化的源头。《红楼梦》的成书历程复杂而坎坷。《红楼梦》是特殊时代的产物，是伟大作家的创作，也是独特编创方式的展现。本节运用知人论世的研究方法，从时代、家世、作家三个角度，走进《红楼梦》的成书历程。

一、繁华盛世孕育巅峰佳作

　　伟大的时代孕育着伟大的文艺作品，伟大的文艺作品也反映和记录着伟

---

① 鲁迅. 中国小说史略[M]. 北京:人民文学出版社,2006:346.

大的时代。康雍乾时期的恢宏盛世和作者书香继世的家学背景共同孕育了这部巅峰佳作。

（一）时代背景

《红楼梦》的诞生与清鼎盛时期的时代背景关系密切，可谓繁华盛世孕育巅峰佳作。曹雪芹的家族经历了明末到清初的时代变革，曹家的命运随着王朝更迭、帝王的更替几度沉浮。

在政治经济方面，已经建立并巩固起来的清王朝政权内部矛盾和斗争始终没有停歇过，斗争集中在皇权的继承问题上。曹家的兴盛和败落都与康雍乾时期的皇权争夺有着密切关系，这直接影响着曹雪芹的命运，影响着《红楼梦》的创作。产生于明中叶的资本主义萌芽继续发展，市民阶层逐渐形成、壮大，市民运动不断发生、扩张。这种变化无异于在封建社会固有的矛盾之外，又增添了新的矛盾，因此"忽喇喇似大厦倾，昏惨惨似灯将尽"，既是曹雪芹对贾家覆灭的预言，也可以看作是对日渐腐朽的封建制度的预言。

在思想文化方面，清初的统治者为了巩固政权，曾大力提倡儒家思想以及程朱理学。从明代后期发展起来的反理学的斗争，到了康雍乾时期，非但没有停止，反而愈演愈烈，涌现出了一批具有初步民主主义思想的士人。李贽的"理"与汤显祖的"情"彰显了思想文化领域的巨大变革。在这种大环境中，曹雪芹必将成为继他们之后的又一文化巨人。

曹雪芹就生活在这样一个大的历史时代中，他的生活方式、思想底蕴和创作观念都不可能摆脱时代的影响，只能是所处时代的产物。

（二）家世渊源

除了曹雪芹生活的时代背景，曹家几代运势的起伏也对《红楼梦》的创作产生了巨大的影响。

追本溯源，曹家的身份本是满族包衣。依据可知文献，曹雪芹的祖先曹世选任官于沈阳，被俘虏后，发配至多尔衮旗下为包衣，包衣即满族家奴。随着清初的数次换旗，最终定于正白旗下。多尔衮去世后，正白旗被收归清帝直领，曹氏一族正式成为"内务府包衣人"，名列《八旗满洲氏族通谱》。从康熙皇帝的谕旨来看，他从未把曹氏一族当作普通汉人看待，否则也不会将曹寅的两个女儿指婚给满洲王爷为嫡福晋。

一荣俱荣，曹家在康熙朝家世显赫。在康熙、雍正两朝，曹家祖孙三代四人主政江宁织造达五十八年，家世显赫，极富极贵。康熙六下江南，四次由曹家接驾，足见康熙对曹家的信任与亲近。曹雪芹虽未亲历康熙南巡，但他曾在《红楼梦》中借王熙凤之口道出江南甄家四次接驾的盛况。随着康熙帝的去世，曹家享受几代的优渥圣眷变成了血雨腥风式的家道中落。

诗书继世，曹家有着深厚的家学传统。曹雪芹的祖父曹寅十岁时进宫伴读，并习武事，曹寅的母亲孙氏是康熙的乳母，因此曹寅又是康熙的"嬷嬷兄弟"。曹寅对诗词有着浓厚的兴趣，博览群书，喜爱书法绘画，在文学领域涉猎广泛，关注通俗文学的发展，他将自己的文学活动品评为"曲第一，词次之，诗又次之"。曹雪芹在思想上和艺术上均受到家学熏陶。曹雪芹诞生时，曹寅虽已亡故，不能口传心授，但家中遗风尚存。童年时代的耳濡目染，大大开拓了曹雪芹的文学文化视野。贵族家庭的礼教和诗书世家的传统为《红楼梦》的创作提供了大量的素材和丰厚的文化底蕴。

二、跌宕人生成就旷世奇才

曹雪芹是否为《红楼梦》的作者，在历史上曾有过争议。考证派红学研究者在原稿及同时代作品中找到了《红楼梦》作者是曹雪芹的铁证。永忠在《因墨香得观〈红楼梦〉小说吊雪芹三绝句》第一首写道：

传神文笔足千秋，不是情人不泪流。

可恨同时不相识，几回掩卷哭曹侯。①

富察明义等人均在自己的作品中提到曹雪芹的《红楼梦》，这些文献既证明了曹雪芹是《红楼梦》的作者，也反映了当时曹雪芹手稿在文人间流传的情况。

曹雪芹四十年的生命轨迹和广博的文化积淀共同构成了《红楼梦》经典化过程的原点。

（一）生命轨迹

"国家不幸诗家幸，赋到沧桑句便工。"② 曹雪芹亦是如此，没有动荡的生命历程、起伏的命运玩弄，也许就不会有旷世奇作的诞生。周汝昌曾概括："曹雪芹的一生是悲剧的。他的著作内涵是悲剧性的，书的命运也是悲剧性的。"③

苏轼在《自题金山画像》中这样概述自己的一生："问汝平生功业，黄州惠州儋州。"一连三州并举，既是自嘲也是自我肯定，贬谪时期是他政治上最为失败、生活上遭受最多苦难的时期，也是他对生命意义体会最为深刻的时期。这个时期，他已达到文学创作的高峰。可以说黄州、惠州、儋州完成了苏轼由"苏学士"到"东坡居士"的华丽转身。

仿照苏轼"黄州—惠州—儋州"生命轨迹，也可以理出曹雪芹"金陵—京师—西郊"这一生命轨迹。

1. 金陵繁华

学界对曹雪芹的生卒年争论不断，生年并无明确记载，是由他的卒年和年龄倒推出来的。周汝昌在《曹雪芹生平年表》中提出，曹雪芹生于雍正

---

① 一粟. 红楼梦资料汇编[M]. 北京:中华书局,2008:10.
② 赵翼. 赵翼诗选[M]. 郑州:中州古籍出版社,1985:162.
③ 周汝昌. 曹雪芹的故事[M]. 北京:北京出版社,2017:379.

— 8 —

二年（1724 年）闰四月二十六日，卒于乾隆二十九年（1764 年）。敦诚的挽诗"四十萧然太瘦生，晓风昨日拂铭旌"① 可以为证。

曹雪芹出生在江宁织造府时，他的父亲曹颙已病故。当时曹家正经历政治风波，曹雪芹年轻的叔叔曹頫继任以来依靠姑父李煦的扶持，勉强支撑家业。曹家身为皇家包衣，命运完全由帝王决定，面对朝廷责难，曹頫寝食难安，忧恐至极，大厦将倾之势就在眼前。

曹雪芹出生三日后，曹頫想到近年少雨的江南降了一场甘霖，便给他取名为"霑"，取自《诗经·尔雅·信南山》。儿时的曹霑相貌可人，心思灵慧，有着良好的家教。曹家家教极严，他们对子侄教育严苛，慈母严父的模式始终如一，文武传家历代如此。楝亭是曹家孩子读书的地方，祖父曹寅、祖叔曹荃、父亲曹颙、伯父曹颀、叔父曹頫都曾在这里读书，曹霑的祖母、母亲经常带着他在书坊读书习字。曹寅曾做过康熙的伴读和御前侍卫，骑射是旗人固有的传统，皇家极力推崇，江宁织造府内就有骑射场。祖母、母亲、叔父以家族沿袭的规矩教育着曹霑。读万卷书行万里路，开阔的眼界、驳杂的兴趣是曹霑在金陵繁华地最大的收获，为《红楼梦》的创作抹上了浓厚的文化底色。

2. 京师起伏

雍正五年（1727 年），曹頫因骚扰驿站、织造亏空、转移财产等罪名被革职入狱。在《关于江宁织造曹家档案史料》中，记载了雍正五年十二月抄家清单，这对于在江宁织造位上五十八年的曹家来说少得可怜，以至于雍正都惊讶于聚富豪奢的曹家竟然沦落至此，他清楚曹家太多的银子补了皇家的亏空。雍正动了恻隐之心，给举家迁至北京的曹家一处蒜市口附近十七间半的房子。离开江宁织造府水陆兼程来到北京的经历让曹霑有机会看到大千

① 　一粟.红楼梦资料汇编[M].北京:中华书局,2008:2.

世界和人间众生。曹家到北京后不久，政坛形势愈发严峻，曹𫖯被"枷号"，李煦殁于戍边。在曹家几乎被彻底打垮的时候，雍正放松了对曹家的管制，曹霑也进官学继续接受系统教育。天赋奇高的曹霑所受到的良好的家庭教育、官学教育，加上博览群书、游历大江南北的经历都为他的文学创作积淀了丰厚的素材。

直至雍正去世，萦绕在曹家头上的黑云才渐渐散去。渐渐适应了京城生活的曹霑游弋京师，与伶人交往，曾因此被长辈禁足三年。正是在这段幽禁时期里，曹霑动了写小说的心思。成丁后的曹霑行走平郡王府，数年后因平郡王的变故离职，开启了他颠沛流离的生活。

3. 西郊隐居

从金陵到北京，是靠近政权的过程；到西郊，是远离政权的过程。曹雪芹的一生深受政治影响，与其若即若离，终究无处可逃。

曹雪芹在西山的生活痕迹犹如雾里看花，直至《题壁诗》等文献的涌现才日益清晰。离开京师后曹雪芹移居西山一带，从乾隆十五年（1750年）前后到其去世，他在北京西山生活了十几年。在这里他完成了《红楼梦》的写作，最终埋骨青山。

为了维持生计，曹雪芹依靠卖画和做村塾师为生。曹雪芹把自己对生活的感悟、对社会的观察、对人生的思考，全部写进了《红楼梦》。目前学界对曹雪芹与西山的种种渊源仍存争议，但这并未影响红学爱好者到曹雪芹故居探访，西山故居的老槐见证了衰而复荣、败而复兴的时代更迭，也见证了曹雪芹在这里的徘徊与忧叹。

（二）家学积淀

曹雪芹无疑是个有趣的人，这份有趣不仅源自性格，更源自广博的学识。这与他年少时受到的家学影响有着密切关系，更与他由南到北漂泊辗转的人生经历有关。曹雪芹的博学体现在地理、周易、音韵、金石、礼乐、饮食等方面。王希廉评价说："一部书中，翰墨则诗词歌赋、制艺尺牍、爱书戏曲，以及对联匾额、酒令灯谜、说书笑话，无不精善；技艺则琴棋书画、医卜星相，及匠作构造、栽种花果、畜养禽鱼、针黹烹调，巨细无遗；人物则方正阴邪、贞淫顽善、节烈豪侠、刚强懦弱，及前代女将、外洋诗女、仙佛鬼怪、尼僧女道、娼妓优伶、黠奴豪仆、盗贼邪魔、醉汉无赖，色色皆有；事迹则繁华筵宴、奢纵宣淫、操守贪廉、宫闱仪制、庆吊盛衰、判狱靖寇，以及讽经设坛、贸易钻营，事事皆全；甚至寿终夭折、暴病亡故、丹戕药悮，及自刎被杀、投河跳井、悬梁受逼、吞金服毒、撞阶脱精等事，亦件件俱有。可谓包罗万象，囊括无遗，岂别部小说所能望见项背。"① 曹雪芹的学识广博到什么程度？从他的《废艺斋集稿》可以窥见一些端倪。

红学家吴恩裕曾发表《曹雪芹的佚著和传记材料的发现》一文，介绍当时新发现的曹雪芹佚著《废艺斋集稿》残篇，以及抄存者向他提供摹本、抄件的前后情况。《废艺斋集稿》原稿有八册，抄存者只有第二册，是讲风筝技艺的，书名为《南鹞北鸢考工志》。这一新材料的发现在当时引起了读者和研究者的极大兴趣和强烈反响。其中涉及的种种内容均在《红楼梦》的情节中得到充分展现。

三、增删批阅终成千年一叹

《红楼梦》的成书过程可以看作是红学界的哥德巴赫猜想，文献的不足给描述成书过程造成了巨大的困难。曹雪芹"批阅十载，增删五次"泣血而成的部分手稿却在传阅中遗失，留下了一个无法弥补的缺憾。

---

① 一粟.红楼梦资料汇编[M].北京:中华书局,2008:149.

（一）创作历程

"批阅十载，增删五次"，"十载"指曹雪芹三十到四十岁的阶段，起伏跌宕的生活经历让他的诗才、灵性得到了充分的酝酿和发酵。漫长的十年是曹雪芹生命中最为困苦的日子，举家食粥，奇苦至郁。

为了糊口，曹雪芹在内务府做过堂主事，即整理文书档案的工作。乾隆十年（1745 年）前后又到西单石虎胡同，为皇室子弟开设的官学做了两年管理日常事务的差事。乾隆十五年（1750 年）前后，曹雪芹的经济状况越来越差，连"悲歌燕市，卖画为生"也无以为继。几次搬家后连个立足之地也没有，不得不离开城里，全家迁到西山附近旗地居住。曹雪芹创作《红楼梦》的十年间几度穷困到家中只有一桌一凳，无纸可用时只得将旧黄历拆了反过来，用背面起草，其胸中抑郁可想而知。

乾隆二十五年（1760 年）秋，曹雪芹的妻子死去。不久，他续娶了一位新妇，夫妇俩带着幼子，生活更为窘迫。乾隆二十八年（1763 年），北京天花盛行，曹雪芹唯一的爱子病逝。他在无比的哀痛中，一面奋笔疾书，一面借酒浇愁，最终一病不起，离开人世。

因为没有增删稿存世，后世无法探寻曹雪芹增删的过程，但从《风月宝鉴》及脂批中可以对五次增删进行推测。从《风月宝鉴》到《红楼梦》，曹雪芹"纂成目录，分出章回"，建立网状结构，将《风月宝鉴》的内容丰富起来。每次增加重要内容，小说布局就做相应调整。有增有删，有前后位置调换剪接，有"李代桃僵""移花接木"。小说规模逐渐扩大，艺术日臻完美，思想日趋深刻。

十年风雨，岁月悠悠。曹雪芹将《红楼梦》经过十年的反复修订，改了又改，增了再增，苦心经营。"字字看来皆是血，十年辛苦不寻常"，这既是杜鹃啼血之言，又是曹雪芹的心声。

（二）脂批评点

小说评点在明末清初达到了顶峰，对于《红楼梦》来说，评点的重要性更加突出。我国古典小说批评并无鸿篇巨制，多以序跋、论赞、评点的形式呈现。其中评点式的小说批评是其中最具特色的一种，它的特点体现在依附于所点评的作品，以嵌入的方式融入。评点的形式要素主要有两种：评点符号与评语。常见的评点符号包括圈、点、抹、删等。评语主要分两种，一种是总论、回前评、回后评这样的长篇大论，一种是以眉批、旁批、夹批等形式呈现的对作品某一人物、情节、语句、描写的评论。这种批评形式到明代万历年间逐渐成为成熟而独特的小说理论形式，它的本质在于解读作品本身。

评点的形式与印刷术发明后的装订方式有关，书籍每页版框上面留有天头，下面存有地脚，行与行之间也有相应的距离，都为读书人的随手圈画提供了便利。明末清初是小说评点的繁盛期，四大奇书的多种评点本集名家观点于一身，极好地阐述了作品的审美意蕴和写作技巧。

提到《红楼梦》评点就不得不说脂批，目前我们见到的最早的《红楼梦》传抄本就是带脂批的。脂砚斋是《红楼梦》最早的评点者，与《红楼梦》有着千丝万缕的联系。曹雪芹写完书稿后脂砚斋随即阅评并誊抄，同时给出了相应的修改意见，如此反复多次，成为我们如今看到的脂批本样貌。今天看来，广义的脂砚斋，应该视为一个集体笔名。因为给《红楼梦》写评语的不止脂砚斋一人，共计有十个名字：脂砚斋、畸笏叟、常（棠）村、梅溪、松斋、立松轩、玉蓝坡、绮园、左绵痴道人、鉴堂。其中以脂砚斋的批语最多，也最重要。而狭义的脂砚斋，则是加批最多的评点者，乃十位评点者之一。

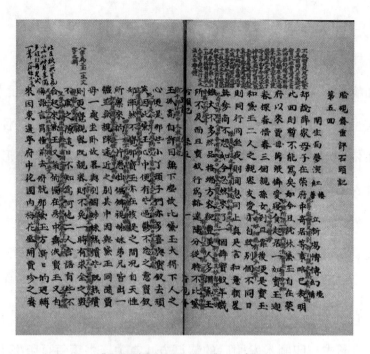

《脂砚斋重评石头记》 书影

由于天头、地脚空间充足，眉批主要集中在天头。右上较为集中的眉批主要针对正文中"如今且说林黛玉"为读者解惑。眉批通常是针对大段落、大开合的解读，目的是为读者能更好地理解相应的内容。而穿插于行间的夹批解读范围较小，通常解读某一句或人物的某个行为和语言。

脂砚斋以评点的方式揭示了《红楼梦》的思想内涵和艺术价值，也表达了批者的艺术见解。从小说评点的角度来说，脂批继承了李卓吾、金圣叹的小说评点方式，在实践中又发展、超越了前人。

第二节　发展脉络

如今我们看到的《红楼梦》有两个版本系统，即上文提到的脂批本和程高本。造成这一局面的根源是曹雪芹的部分手稿在传阅中遗失，留下的残本引出了无数续书，也激发了研究者探寻其中缘由的渴望。手稿遗失、众多续书、本事探佚共同构成了《红楼梦》经典化过程中的重要环节。

一、借阅者痴迷遗手稿

在《红楼梦》经典化的过程中有一个至关重要的大事件就是曹雪芹八十回后手稿的遗失。八十回后手稿是在曹雪芹创作过程中遗失的，以至于脂砚斋在评点中无奈感慨，后世读者在品读时捶胸顿足，研究者争论不休。但客观来说，正是八十回后手稿的遗失造成的一系列影响加强了《红楼梦》的经典化过程。这份阴差阳错、遗憾不已的失误宛若维纳斯的断臂，留给我们太多的遐想空间。由此产生了一系列学术流派，关系最为密切的就是探佚派，周汝昌认为红学最精华的部分是探佚，探佚是在重新认识曹雪芹的内心世界。

有学者认为曹雪芹并没有完成《红楼梦》全书，只写到了八十回，但通过脂批的提示可以基本确定曹雪芹完成了《红楼梦》创作，只不过需要进一步誊清、收齐、审订，补作几首缺诗或调整若干回目。首回脂批所说"书未成，芹为泪尽而逝"及第二十二回末所说"此回未成而芹逝矣"中的"未成"，不是"未写成"而是"未补成"的意思。

王蒙就以作家的视角解读了《红楼梦》手稿遗失的积极意义："不让《红楼梦》有一个符合标准的结尾乃是最好的结尾，不让完成是最好的完成。"① 可以说，残稿既是《红楼梦》经典化过程中的伤心之地，也是研究的关键节点。

二、续书者炼石补苍天

在所有古代名著的续书中，《红楼梦》堪称"续书之最"。其他的名著虽也有续书，但在数量上都远不及《红楼梦》。从作品问世起，续书便如雨

① 王蒙. 双飞翼[M]. 北京:读书·生活·新知三联书店,2006:163.

后春笋般出现。根据研究者统计，《红楼梦》续书多达九十余种，其中影响最大的就是程伟元和高鹗的续本。

《红楼梦》除脂批抄本的版本系统外，另一重要版本系统就是程伟元和高鹗的印本，即《红楼梦》一百二十回印本系统。程甲本是印本系统的祖本，由苏州萃文书屋木活字排印，封面题《绣像红楼梦》，扉页题《新镌全部绣像红楼梦》，下署"萃文书屋"，卷首有程伟元、高鹗的序，回首及书口均题《红楼梦》。程甲本共一百二十回，二十四册。有总目，不分卷。双边，乌丝栏。每版二十行，行二十四字。绣像并图赞二十四幅。乾隆五十六年（1791 年）冬发行。

《红楼梦》起初以抄本的形式在小范围内流传，曹雪芹去世之后，八十回的残稿继续辗转传抄。程伟元在《红楼梦序》中提到："好事者每传抄一部，置庙市中，昂其值得数十金，可谓不胫而走者矣。"① 从程伟元的描述中不难看出当时《红楼梦》在小范围内的影响。但由于八十回后手稿的遗失，读者深感"无全璧"的遗憾，这种遗憾在乾隆五十六年（1791 年）被打破。此时距曹雪芹去世已相去二十余年，程伟元邀约高鹗共同整理刊印了一百二十回本，也就是程甲本。随后进一步详加勘校，次年出版了程乙本。

程高续本在学界历来褒贬不一，但必须肯定的是程高续本至少让我们看到了一个相对完整的红楼故事。俞平伯提到："程伟元、高鹗是保全《红楼梦》的，有功。大是大非！"② 他肯定了程高续本的价值。虽然后四十回在审美价值和文化内涵上无法与前八十回相比，但不难看出高鹗在前人续本的基础上，尽可能贴合曹雪芹的原笔原意，依照前八十回的谶语、脂批延续了之前的悲剧趋向，在章法结构和人物命运上基本符合前八十回的预示。

---

① 一粟. 红楼梦资料汇编［M］. 北京：中华书局，2008：31.
② 木示. 俞平伯的晚年生活［J］. 新文学史料，1990(4)：77.

　　除程高续本外，绝大部分续书能够依照八十回的谶语和脂批推断人物命运，结合整体故事走向及思想内涵进行创作，尽可能贴近曹雪芹原笔原意。当然，其中也不乏另辟蹊径者，尝试对人物性格及命运进行翻转，以展示自己的才华。

三、研究者寻源探本事

　　《红楼梦》研究的外延很大，红学研究者特指从事红学史研究的学者，而这里所说的研究是指区别于一般的阅读、鉴赏和纯情感痴迷，以相对专业的方式探寻作品内涵，表达深层的阅读体验和见解。乾隆嘉靖以来，研究《红楼梦》的专著和杂论层出不穷。

　　均耀在《慈竹居零墨》中第一次提到了"红学"，并与传统经典并称：

　　华亭朱子美先生昌鼎，喜读小说。自言生平所见说部有八百馀种，而尤以《红楼梦》最为笃嗜。精理名言，所谈极有心得。时风尚好讲经学，为欺饰世俗计。或问："先生现治何经?"先生曰："吾之经学，系少三曲者。"或不解所谓。先生曰："无他。吾所专攻者，盖红学也。"①

　　我们所说的"红学"，即研究《红楼梦》的学问，横跨文学、哲学、史学、经济学、心理学、中医药学等多个学科。一般来说，对《红楼梦》的文本、版本、历史背景、文学史关系和作者家世、生平、创作经历的研究，都可纳入红学。

　　红学之所以成为一门显学，是因为这部作品自身的独特性、其内涵的博大精深及表现形式的精美绝伦。加之作者身世、成书过程、续书作者、脂砚斋身份等关键性问题留下的一个个未解之谜，更增加了研究者和爱好者的探索兴趣。

---

① 　一粟.红楼梦资料汇编[M].北京:中华书局,2008:415.

红学纵向可以划分为旧红学、新红学、当代红学三个时期，其发展脉络会在"名家视点"中作更为系统的介绍。横向可以划分为评论派、索隐派、考证派、创作派四大学派，各派又细化为若干分支，主要包括题咏、评点、鉴赏、百科、批评、曹学、版本学、本事学、脂学、探佚学等。

第三节　当代意义

为什么读《红楼梦》呢？金克木先生在《书读完了》中对这一问题做了这样的回答，他说：

只就书籍而言，总有些书是绝大部分的书的基础，离了这些书，其他书就无所依附，因为书籍和文化一样总是累积起来的。因此，我想，有些不依附其他而为其他所依附的书应当是少不了的必读书或则（者）说必备的知识基础。举例说，只读过《红楼梦》本书可以说是知道一点《红楼梦》，若只读"红学"著作，不论如何博大精深，说来头头是道，却没有读过《红楼梦》本书，那只能算是知道别人讲的《红楼梦》。读《红楼梦》也不能只读"脂批"，不看本文。所以《红楼梦》就是一切有关它的书的基础。①

作为中国古典小说的集大成者，《红楼梦》无疑是绝大部分书籍的基础，读了《红楼梦》才算是真正打开古典小说厚重而华丽的大门。它打破了古典小说历来的窠臼，也为我们推开了规范学术研究的大门。

一、打破古典小说历来的窠臼

《红楼梦》的文学价值体现在对传统小说藩篱的突破上。

（一）圆形人物

扁平人物只展示一个面，一个维度，可以看作一个"圆"。而圆形人物

---

① 金克木. 书读完了[M]. 上海：上海文艺出版社,2017:16.

就像一个几何体，有多个面，有层次感和空间感，可以看作一个"球"。《红楼梦》中的人物正是这样一个个千姿百态、血肉饱满又真实可信的"球"。

《红楼梦》打破了传统小说人物形象脸谱化、类型化、扁平化的特征。描写典型环境中的典型人物，人物具有真实、复杂的特征。主要人物浓墨重彩自不必说，即使着墨不多、偶尔出现的小人物也是精彩纷呈，让读者掩卷不忘。《红楼梦》中人物不再是佳人貌美如花、小人鼠耳鹰腮，而是立足现实世界的感受和体验塑造出的一个个有血有肉的真实人物。

（二）网状结构

《红楼梦》内容丰富，包罗万象，虚实相生，人物众多，事件纷繁，打破了传统小说的单线结构。上至皇妃王爷，下至村姬农夫；大到省亲仪式，小到家常用度：全方位展现了一幅立体式的贵族生活风俗画卷——这便是《红楼梦》中错综复杂、交错相同的立体式网状结构。总体来看，《红楼梦》的立体式网状结构是由明线与暗线相互穿插、共同交织而成的。具体说来，以宝、黛、钗三人的情感纠葛为中心线索，众女儿的命运悲剧、贾府的兴衰荣辱、甄士隐与贾雨村的命运离合、刘姥姥进大观园及贾宝玉"通灵宝玉"的失与得等是《红楼梦》中的多条线索，这些线索或齐头并进，或相互制约，共同交织形成立体式的网状结构，使整部作品宛若无缝天衣，浑然天成。

《红楼梦》的立体式网状结构由纲领、线索、关目三个层级单位组成。无论是宝、黛、钗爱情线加王熙凤理家线，还是贾家衰落线加宝玉爱情线，它们都能拧成一股绳，系在网口，起到统领全书的作用。在此基础上，线索好比织网的材料，是情节推演的脉络或问题探索的途径。《红楼梦》的线索纵横交错，经纬分布。其中经线就是主角的生命线，如宝玉的人生悲剧、千红一哭的女儿悲剧、贾府没落的家庭悲剧等。纬线则是间接穿插进来的重要事件，断断续续，时隐时现，如刘姥姥三进大观园、秦钟短命夭折、蒋玉菡爱情波折、柳湘莲的人生遭遇等。脂批本曾对红楼的复杂网状结构作了这样的评价："一树千枝，一源万派，无意随手，伏脉千里。"网状结构最终达到了纲举目张的效果，纲目好比一张网上的网眼，是构成一张渔网的最小单位，它们环环相扣，两两相对，遥相呼应。

（三）悲剧意识

《红楼梦》摆脱了传统小说特别是才子佳人小说大团圆的结局，将悲剧意识融入了古典小说的创作。全书以悲剧终了，即"好一似食尽鸟投林，落了片白茫茫大地真干净"。《红楼梦》的悲剧意识表现为爱情悲剧、家庭悲剧和人生社会悲剧。

1. 悲金悼玉的爱情悲剧

无论是金玉良缘还是木石前盟，投射到人间的大观园中，宝、黛、钗在社会制度和家庭氛围的影响下注定无法得到他们所期盼的爱情。除此之外，柳湘莲与尤三姐、秦钟与智能儿、司棋与潘又安等，《红楼梦》中几乎没有终成眷属的爱情。

2. 大厦倾覆的家庭悲剧

红楼十二曲《聪明累》中的一句"好一似，荡悠悠三更梦。忽喇喇似大厦倾，昏惨惨似灯将尽"正象征着贾府衰亡的家庭悲剧。这里的大厦不仅仅是指荣国府和宁国府实实在在的建筑，也指逐渐走向没落的家族和时代。从秦可卿的死开始，接着贾元春的省亲，看似风光无限，实则是家族没落的开端，直到元春去世，贾家失去了皇帝的宠爱，再加上这个家族本身的腐败和内外掏空，"三春去后诸芳尽，各自须寻各自门"，这座大厦最终颓然倒下。

3. 千红一哭，万艳同悲的人生社会悲剧

曹雪芹善于将美好的东西当面毁给你看，他向我们展现了一出出惨烈的人生悲剧。才貌两全的黛玉，藏愚守拙的宝钗，豁达豪放的湘云，柔弱和顺的迎春，聪慧果敢的探春，胆大泼辣的熙凤，美丽率真的晴雯，谦和忍让的袭人，软弱糊涂的尤二姐，性情刚烈的尤三姐，远离红尘的妙玉……这些美妙如花的女子，终究如判词所写，以悲剧收场，印证了"薄命司"的"薄命"二字。

王国维说过："《红楼梦》之为悲剧也如此。昔雅里大德勒于《诗论》中谓悲剧者所以感发人之情绪而高上之，殊如恐惧与悲悯之二者为悲剧中固有之物，由此感发而人之精神于焉洗涤。故其目的，伦理学上之目的也。"①作者的身家背景以及人生遭遇，让他对人生有深入的体验，于是他款款叙述他的精辟剖析和独特见解，且将本书以悲剧收场，破除一般的大团圆结局。正是如此，《红楼梦》构成了一部多层次又相互交融的悲剧世界，而那首《好了歌》则是对悲剧主题最好的诠释。

二、推开规范学术研究的大门

《红楼梦》的阅读价值体现在它难以企及的文学高度和深入广泛的研究空间，深入地阅读能够帮助一般阅读者实现向专业研究者的角色转变，让中学生提前了解专业学术研究的方法与思路，初步体验严谨而规范的学术研究过程，推开规范学术研究的大门。

（一）大视野读大作品

《红楼梦》实在是包罗万象，取材范围之广，描写人物之多，无人能出其右。从作品问世开始，历代读者、研究者对《红楼梦》的解读和议论，其实已经远远超出了《红楼梦》作品本身。面对这样一部大作品，我们需要有超越一般阅读状态的大视野。

---

① 一粟.红楼梦资料汇编[M].北京:中华书局,2008:256.

一方面是增强文化常识储备。研读《红楼梦》就是在研读中国的传统文化。大到宗教哲学，小到饮食男女，无所不包。另一方面是接触文学理论常识。曹雪芹的文学实力与才华令人难以企及，《红楼梦》是他的神来之笔，至今无人可超越。因此作品的价值体现在众体皆备的文学样式、炉火纯青的语言运用以及妙笔生花的写作技巧上。想要真正读懂红楼"草蛇灰线，伏脉千里"的叙事结构需要了解叙事学理论；想要读懂其中大量的诗词文需要学习古典诗词常识；想要走进人物内心需要关注人物塑造的诸多方法；想要了解文学作品流变的过程，需要关注批评本和后世红学研究；等等。

（二）真性情写真生活

假作真时真亦假，无为有处有还无。曹雪芹以真性情写出了一部真故事。从题材上说，《红楼梦》不再关注王侯将相、神仙英雄，而是将目光放到日常生活的点滴中，大胆描绘真实的生活片段，凭借高超的艺术造诣将真生活写出了真色彩，描绘了真人物，是近代现实主义的发轫之作。不矫揉造作，不人云亦云，不无痛呻吟，凭借一颗赤子之心展现真实的生活面貌。"我手写我心"，是写作的初衷和最终目的，这对于日常写作来说至关重要。

除此之外，《红楼梦》严谨的叙事风格和"草蛇灰线"的写法可以帮助中学生积累整本书阅读经验，弥补和修正其浮躁、粗糙的碎片化阅读习惯。《红楼梦》布局谋篇极为精巧细腻，常有"草蛇灰线，伏脉千里"之妙，在看似平淡的家长里短中刻画人物，达到"于无声处听惊雷"的效果。这种源自生活的写作手法，彰显了作家的非凡功力。

（三）细思量启细研究

有些书是可以边玩边读的，而有些书只能仔细读、认真读、探究着读。《红楼梦》就是这样一部需要一个字一个字静心细看、仔细揣摩的作品，不能放过任何一个字，不能忽略任何一个细节，这既是对作品的尊重，也是在培养学术研究中良好的探究精神。

首先，要在阅读中仔细观察，培养发现问题的能力。曹雪芹起名用字奇，字面广，雅俗不一。许多人物的名、字，或几个人的名字合起来，都是大有深意的。有的暗示了人物的命运，有的则是对情节发展的某种隐喻，有的是对人物行事为人的绝妙讽刺，有的是人物故事的某种暗示。这些细节都需要用敏锐之眼、善感之心来捕捉。

其次，要善于汇总探究问题，尝试以科学的方法探究问题答案。曹雪芹擅用谐音来定名，"谐"得非常巧妙，足见作者的苦心妙思和驾驭文字的能力。元春、迎春、探春、惜春四姐妹的名字不可孤立地看，要善于联系归纳，四人名字连在一起的谐音"原应叹息"，自然是在叹息她们短暂的青春年华，也预示着大厦倾覆的悲惨结局。

再次，要初步接触学术训练，了解学术规范。想要真正走进《红楼梦》只看原著是不够的，需要广泛阅读，关注脂批本和研究专著。为了更好地理解内容，查阅资料、阅读学术论文是必不可少的环节。这恰恰能为中学生提供接触完整学术研究过程的机会。中学生应以小论文的形式呈现对红楼某一问题的研究成果。

第二章

阅读门径

阅读门径

预读·细品回目语言

[细读策略指导]
——捕捉缝隙空白

欣赏戴着镣铐的舞蹈

捕捉回目的语言特色

窥见曹雪芹的创作观

[古典文论支点]
"文之英蕤，有秀有隐"（刘勰《文心雕龙》）

通读·细理虚实主线

[细读策略指导]
——关注整体语境

红楼年表及大事记

家族人物关系图谱

通灵宝玉前世今生

[古典文论支点]
"事赝而理真"（冯梦龙《警世通言·叙》）

研读·细寻情节线索

[细读策略指导]
——感受文本自足

寻找谶语中人物命运暗示

还原末回警幻情榜及考语

从衣食住中感受红楼大观

[古典文论支点]
"羚羊挂角，无迹可求"（严羽《沧浪诗话》）

拓展·细读结果展示

[细读策略指导]
——尊重文本至上

谁最可能是脂砚斋

当曹雪芹遇到高鹗

读续本炼石补苍天

[古典文论支点]
"以意逆志，知人论世"（孟子《孟子·万章》）

　　《红楼梦》作为中国古典小说的最高峰，在文学史上有着无可撼动的地位。它打破了古典小说历来的窠臼，实现了由扁平人物到圆形人物、由线性结构到网状结构、由大团圆结局到悲剧意识渗透的重大转变。它立意深远，意境高超；内容丰富，涉猎广泛；人物描写，个个成功；笔法纯熟，出神入化；语言文字，发挥至极。依据《红楼梦》的文学价值、教学价值及其自身特点，考虑到中学生整本书阅读的需求，确定基本阅读目标如下：

　　第一，熟悉故事发展脉络，建立人物关系网，能够将人物置于典型环境中，理性客观地从文本出发揣摩人物内心，分析人物性格，探寻作品主旨。

　　第二，感受《红楼梦》丰富的内涵与写法，学习名家解读评点的方式，能够借助相关理论工具加以分析，形成自己独到的见解。

　　第三，初步了解红学的研究内容及红学史，接触基本的学术训练，初步了解学术规范，找到适合自己的阅读路径和探究兴趣点，培养基本的研究能力。

　　本章以"预读—通读—研读—拓展"的阅读过程为主线，以新批评派的文本细读理论为支撑，以文本细读强调的"缝隙空白""整体语境""文本自足""文本至上"等理论工具，引领指导阅读活动。依次完成四个阶段的阅读任务并探寻其中渗透的古典文论思想，回归孕育作品的文化土壤，最终完成"续写红楼"的整本书阅读任务，实现策略引领下的阅读全过程体验。

　　《红楼梦》怎么读？简言之，一个字——细。运用文本细读策略阅读《红楼梦》是有传统和渊源的，中西方文论中均有提及。

　　其一，传统评点中的读法渊源。古人读书，极注重读法，明清小说评点家都会在评点之前做一个读法的介绍，告诉读者如何读才能通过品味语言、关注笔法、揣摩妙处来把握精髓，明确要旨。对于《红楼梦》来说，读法之旨要在一个"细"字上。评点家金圣叹就极力主张细读，他在《西厢记·酬韵》一折的评点中提到了细读的重要性："其间皆有极微。他人以粗心处之，则无如何，因遂废然以阁（搁）笔耳。我既适向曼殊室利菩萨大智门下学得此法矣，是虽于路旁拾取蔗滓，尚将涓涓焉压得其浆，满于一石，彼天下更有何逼连题，能缚我腕使不动也哉？读《西厢记》，至《借厢》后、《闹斋》前《酬韵》之一章，不觉深感于菩萨焉。尚愿普天下锦绣才子，皆细细读之。"① 在《读第五才子书法》中，金圣叹再次强调："吾最恨人家子弟，凡遇读书，都不理会文字，只记得若干事迹，便算读过一部书了。"② 金圣叹和绝大多数评点者一样，评点的目的是将作品的奥妙之处告诉读者，将精彩的写作秘籍传达给好学者。曹雪芹的《红楼梦》"批阅十载，增删五次"，面对这样一位旷世奇才的泣血之作，怎能不一一细读，反复揣摩？怎可轻易放过一字？

其二，现代批评中的阅读策略。针对《红楼梦》的自身特点，我们尝试借用西方新批评派中"文本细读"的概念，作为《红楼梦》的整本书阅读方法。"文本细读"的概念来自英美新批评派，代表人物是耶鲁大学的布鲁克斯，他曾在《怎么读小说》中对"文本细读"作过示范性说明。文本细读的核心理念为文本是自足的，不需要借助于文本之外的东西来阐释。也就是说文本细读关注的是作品本身，即通过多种方式的深入研读来探寻构成作品的文学性来源。

文本细读强调以文本为中心，即文本本身就是一个自足独立的存在，文学批评就是对作品本身的描述和评价。至于作者的真实意图，读者只能以作品为依据，不可肆意揣度。因此，只有在作品中实现的意图才是作者的真正意图。作为初次接触文本细读的读者来说，依次逐层把握意思、感情、语气、意向这四个方法，正是走进文本的有效步骤。文本细读重视语境对语义

---

① 王实甫. 金圣叹批评本《西厢记》[M]. 金圣叹批评. 南京:凤凰出版社,2011:55.
② 施耐庵. 金圣叹批评本《水浒传》[M]. 金圣叹批评. 长沙:岳麓书社,2006:4.

分析的影响，认为语境对于理解文本词汇的深层意义是十分重要的。也就是说文本中某个词语、某个句子或段与上下文之间的联系，共同确定了特定词、句或段的具体意义，要将它们放在具体语境中品读。整本书存在语境理解问题，阅读《红楼梦》也同样如此，语境显得尤为重要，如果忽略语境就会造成读者对于文本严重的理解偏颇或错失大量精彩，辜负作者的匠心。文本细读强调文本的内部组织结构，将文本解读重点聚焦到文本内部的组织结构上。《红楼梦》"草蛇灰线，伏脉千里"的手法就是对文本细读能力的最佳考验。

以上这些概念界定都是一种文学批评语境下的文本细读，由于这一理论自身的独立性与对文本的重视性，非常适合作为中学生阅读文学作品的有效方法。朱自清与叶圣陶先生合著的《精读指导举隅 略读指导举隅》中提到的"精读法"与上文提及的"文本细读"如出一辙。朱自清和叶圣陶先生将"精读"的指导方法概括为"纤屑不遗，发挥净尽"①，即需要在正确的引导下深入文本，咬文嚼字，细细琢磨。

《红楼梦》脱胎于中国古典美学的千载积淀，内容繁复，思维严密，想要真切体会其中旨趣就需要以文本细读为切入点，借助文本细读理论中的"缝隙空白""整体语境""文本自足""文本至上"等理论工具充分理解作者的创作意图和手法，从而完成自己独特的阅读体验。

本章将结合《红楼梦》自身的特点，从西方文论体系中选择新批评理论的文本细读理论为框架，完成过程性阅读任务后探寻其中蕴含的古典文学理论依据，实现中西方文论的勾连。曹雪芹有着深厚的文学功底和难以估量的文化底蕴，可以说他就是在这些古典文论的熏陶和浸润中成长的，他将它们有选择性地融入了自己的思维体系，从而进一步以多种方式融入作品。因

---

① 朱自清,叶圣陶. 精读指导举隅 略读指导举隅[M]. 郑州:河南教育出版社,1989:142.

此我们从《红楼梦》复杂多变、繁复变换的手法中是可以窥见大家们的传统文论观点的。反之，以传统文论为门径解读《红楼梦》是符合作品特征的，这种可复制的阅读经验可以推广到同类作品阅读中，是丰富阅读体验、完善阅读能力的有效方式。

本章以阅读任务为引领，通过文本细读搭建的理论框架，仔细揣摩前八十回，反窥其中渗透的古典文论支点，在没有续本干扰的情况下充分体会曹雪芹的原笔原意，以"续写红楼"为终极任务，实现阅读目标。

第一节 预读·细品回目语言

预读即通过细读回目，概览全书。借用文本细读中品析语言的方法，从回目的语素、修辞角度入手寻找文本内部的"缝隙"和"空白"，体会其中蕴含的"文之英蕤，有秀有隐"的古典文论观点。第一部分"欣赏戴着镣铐的舞蹈"旨在了解回目的基本知识，关注《红楼梦》对章回小说回目传统特征的继承与突破。第二部分"捕捉回目的语言特色"通过表格整理回目中的关键信息，学习欣赏和解读回目的基本方法，达到预读目的。第三部分"窥见曹雪芹的创作观"，在前两个部分的基础上，尝试分析整理结果，从中挖掘回目中"一字定评"的人物评价方法及独具匠心的主题呈现。

【细读策略指导——捕捉缝隙空白】

文本细读理论以文本为中心，强调文本内部的组织结构。新批评派认为，文本细读会发现文本中有许多缝隙和空白，这是作家写作技巧的体现。任何组织结构严密的文本都有空白，空白处和虚写处需要读者的经验补充，作家的惜墨如金提供给读者审美的各种可能和丰富的想象空间。犹如冰山理论认为的显现在海平面之上的冰山只是全部的八分之一。对于大部头的作品来说，回目就是冰山露出水面的一个小角，细品回目，寻找其中的缝隙和空白，能够帮助我们更好地概览全书，窥见冰山下的暗潮汹涌。

对于《红楼梦》来说，在阅读过程中，学会寻找空白，想象空白，填充空白，培养发现空白、品读空白的能力，从而形成敏锐的阅读感知力。静下心来细细留意，从空白处深挖下去，顺藤摸瓜定会有惊喜。从回目中可以捕捉的空白处有以下几种：一是回目中不连贯处或省略处；二是回目中难以言说或晦涩处；三是回目中异样表达或重复处。在作家刻意留白的地方，往往蕴含着作家不便平铺直叙的深刻用意，对空白的解读是解析小说文本内涵的关键。细细品读回目，敏锐捕捉空白，才能感受作品隽永的艺术魅力。

一、欣赏戴着镣铐的舞蹈

回目是精彩作品的冰山一角，想要细细品读回目，先来了解一下这种"戴着镣铐的舞蹈"。

回目是指章回小说每一回的标题，也指章回小说标题的总目录。章回体小说是中国古典长篇小说的主要形式，它由宋元时期的"讲史话本"发展而来。"讲史"就是说书的艺人们讲述历代的兴亡和战争故事。讲史一般都很长，艺人在表演时必须分为若干次才能讲完。每讲一次，就等于后来章回体小说中的一回。在每次讲说之前，艺人要用题目向听众揭示主要内容，这就是章回体小说回目的起源。章回体小说中经常出现的"话说"和"看官"等字样，正可以看出它与话本之间的承继关系。

章回体小说每一回目的标题往往是一个对仗工整、整齐划一的概括性词句，比如《三国演义》第一回"宴桃园豪杰三结义 斩黄巾英雄立首功"就很好地概括这一回的内容为桃园结义和黄巾起义。这种形式符合了当时说书艺人为了吸引听众的目的，但由于说书艺人受到文学素养的限制，标题一般比较简略，对仗也不甚严谨。

常见的回目有以下几种形式：

第一，每联十四字对仗、十六字对仗混用，如《三国演义》《水浒传》《西游记》；

第二，单联且两回之间对仗，多见于才子佳人小说，如《好逑传》《玉娇梨》；

第三，每联字数有六至十字不等的回目，如《隋唐演义》《说岳全传》；

第四，彻底的单联，不与任何回目对仗，如《封神演义》。

如果说作品内容是作者自由发挥，那么回目的设计就是"戴着镣铐的舞蹈"，需要在重重限制中竭力呈现精彩，同时回目又肩负着勾连作品内容与读者情感的纽带。曹雪芹凭借高超的文字能力和《红楼梦》独特的艺术魅力在回目的限制下舞出了别样的风采。《红楼梦》回目在语言结构上是最为精密的，这种精密主要体现在语素、修辞和句式上。

阅读任务：

《红楼梦》第一回中提到：

因空见色，由色生情，传情入色，自色悟空，遂易名为"情僧"，改《石头记》为《情僧录》。至吴玉峰，题曰《红楼梦》。东鲁孔梅溪则题曰《风月宝鉴》。【脂批：雪芹旧有《风月宝鉴》之书，乃其弟棠村序也。今棠村已逝，余睹新怀旧，故仍因之。】后因曹雪芹于"悼红轩"中，披阅十载，增删五次，纂成目录，分出章回，则题曰《金陵十二钗》。【脂批：若云雪芹披阅增删，然则开卷至此，这一篇"楔子"又系谁撰？足见作者之笔，狡猾之甚。后文如此者不少。这正是作者用"画烟云模糊处"。观者万不可被作者瞒蔽了去，方是巨眼。】①

这段原文与脂批的结合告诉我们《红楼梦》回目的形成与一般章回体小说不同，是在成书后分出章回，添加回目的。《红楼梦》手稿经过多次修

---

① 曹雪芹. 脂砚斋批评本《红楼梦》[M]. 脂砚斋批评. 长沙：岳麓书社，2006：4-5.

改，又加之脂砚斋等人的誊抄、整理、批阅，使得回目随之调整，因此《红楼梦》不同版本的回目之间存在较大的差异。

请对照不同版本回目，通过浏览、对比、预读，概览全书。

提示一：关注相同处（人物、物品、事件），尝试推测本回目的大致内容；

提示二：关注不同处（用词、表达、称呼），不同处的关键词可作为原典阅读的依据，通过炼字，比较哪个词语更恰当，选出你认为最恰当的一个，圈画回目中无法理解的内容，跳读原典。依据不同版本回目人物称呼的差异和事件描述的细微出入，推测每回内容。

以第三回的回目为例：

【程乙本】第三回　　托内兄如海荐西宾　　接外孙贾母惜孤女

【甲戌本】第三回　　金陵城起复贾雨村　　荣国府收养林黛玉

【庚辰本】第三回　　贾雨村夤缘复旧职　　林黛玉抛父进京都

【杨藏本】第三回　　贾雨村夤缘复旧职　　林黛玉抛父进京都

【甲辰本】第三回　　托内兄如海酬训教　　接外孙贾母惜孤女

【舒序本】第三回　　托内兄如海酬闺师　　接外孙贾母怜孤女

【卞藏本】第三回　　托内弟如海酬训教　　接外孙贾母恤孤女

通过几个版本回目找到相同的人物：贾雨村、贾母、林黛玉。上半句出现的词有：内兄、旧职、闺师、西宾，基本可以推测贾雨村因为某种关系到某人家给家中的女孩子当老师。下半句出现的词有：抛父、孤女、外孙，由此可以推断下文描述的是贾母接外孙女林黛玉入贾府的情节。这样就基本上推断出了这回的主要内容。之后比较不同点，"贾母＊孤女"的句式有三种情况：惜、怜、恤，虽然用词不同但都能表现出贾母对这个外孙女的体恤与疼爱。

通过对比不同版本的回目，能够大致推测情节，有需要的话可以快速翻阅相关回目内容，尝试解惑。请填写下面的表格，完成前八十回的回目对照和预读，概览全书。

《红楼梦》前八十回各版本回目

回次	各版本回目	关键词/高频词	推测情节	解疑
第一回	【程乙本】 甄士隐梦幻识通灵 贾雨村风尘怀闺秀			
第二回	【程乙本】 贾夫人仙逝扬州城 冷子兴演说荣国府			
第三回	【程乙本】 托内兄如海荐西宾 接外孙贾母惜孤女 【甲戌本】 金陵城起复贾雨村 荣国府收养林黛玉 【庚辰本】 贾雨村夤缘复旧职 林黛玉抛父进京都 【杨藏本】 贾雨村夤缘复旧职 林黛玉抛父进京都 【甲辰本】 托内兄如海酬训教 接外孙贾母惜孤女 【舒序本】 托内兄如海酬闺师 接外孙贾母怜孤女 【卞藏本】 托内弟如海酬训教 接外孙贾母恤孤女			
第四回	【程乙本】 薄命女偏逢薄命郎 葫芦僧判断葫芦案 【甲戌本】 薄命女偏逢薄命郎 葫芦僧乱判葫芦案			

回次	各版本回目	关键词/高频词	推测情节	解疑
第五回	【程乙本】 贾宝玉神游太虚境 警幻仙曲演红楼梦 【舒序本】 灵石迷性难解仙机 警幻多情密垂淫训 【卜藏本】 灵石迷性难解天机 警幻多情密垂淫训			
第六回	【程乙本】 贾宝玉初试云雨情 刘姥姥一进荣国府 【蒙府本】 贾宝玉初试云雨情 刘老妪一进荣国府			
第七回	【程乙本】 送宫花贾琏戏熙凤 宴宁府宝玉会秦钟 【甲戌本】 送宫花周瑞叹英莲 谈肆业秦钟结宝玉 【甲辰本】 送宫花贾琏戏熙凤 宁国府宝玉会秦钟 【列藏本】 尤氏女独请王熙凤 贾宝玉初会秦鲸卿			
第八回	【程乙本】 贾宝玉奇缘识金锁 薛宝钗巧合认通灵 【舒序本】 薛宝钗小宴梨香院 贾宝玉逞醉绛云轩 【蒙府本】 拦酒兴李奶母讨厌 掷茶杯贾公子生嗔			

回次	各版本回目	关键词/高频词	推测情节	解疑
第九回	【程乙本】 训劣子李贵承申饬 嗔顽童茗烟闹书房 【舒序本】 恋风流情友入学堂 起嫌疑顽童闹家塾			
第十回	【程乙本】 金寡妇贪利权受辱 张太医论病细穷源			
第十一回	【程乙本】 庆寿辰宁府排家宴 见熙凤贾瑞起淫心			
第十二回	【程乙本】 王熙凤毒设相思局 贾天祥正照风月鉴			
第十三回	【程乙本】 秦可卿死封龙禁尉 王熙凤协理宁国府			
第十四回	【程乙本】 林如海捐馆扬州城 贾宝玉路谒北静王			
第十五回	【程乙本】 王凤姐弄权铁槛寺 秦鲸卿得趣馒头庵 【庚辰本】 王凤姐弄权铁槛寺 秦鲸卿得趣馒头庵			
第十六回	【程乙本】 贾元春才选凤藻宫 秦鲸卿夭逝黄泉路			

回次	各版本回目	关键词/高频词	推测情节	解疑
第十七回	【程乙本】 大观园试才题对额 荣国府归省庆元宵 【杨藏本】 会芳园试才题对额 贾宝玉机敏动诸宾 【舒序本】 大观园试才题对额 荣国府奉旨赐归宁 【蒙府本】 大观园试才题对额 怡红院迷路探曲折 【戚序本】 大观园试才题对额 怡红院迷路探深幽			
第十八回	【程乙本】 皇恩重元妃省父母 天伦乐宝玉呈才藻 【杨藏本】 林黛玉疑剪香囊袋 贾元春归省庆元宵 【舒序本】 隔珠帘父女勉忠勤 搦湘管姊弟裁题咏 【蒙府本】 庆元宵贾元春归省 助情人林黛玉传诗			
第十九回	【程乙本】 情切切良宵花解语 意绵绵静日玉生香			
第二十回	【程乙本】 王熙凤正言弹妒意 林黛玉俏语谑娇音			

续表

回次	各版本回目	关键词/高频词	推测情节	解疑
第二十一回	【程乙本】 贤袭人娇嗔箴宝玉 俏平儿软语救贾琏			
第二十二回	【程乙本】 听曲文宝玉悟禅机 制灯谜贾政悲谶语			
第二十三回	【程乙本】 西厢记妙词通戏语 牡丹亭艳曲警芳心 【列藏本】 西厢记妙词通戏言 牡丹亭艳曲警芳心			
第二十四回	【程乙本】 醉金刚轻财尚义侠 痴女儿遗帕惹相思 【杨藏本】 醉金刚轻财尚义侠 痴女儿遗帕染相思 【舒序本】 醉金刚轻财尚仗义 痴女儿遗帕染相思			
第二十五回	【程乙本】 魇魔法叔嫂逢五鬼 通灵玉蒙蔽遇双真 【杨藏本】 魇魔法叔嫂逢五鬼 通灵玉姐弟遇双仙 【甲辰本】 魇魔法叔嫂逢五鬼 红楼梦通灵遇双真 【舒序本】 魇魔法叔嫂逢五鬼 通灵玉蒙敝遇双仙			

回次	各版本回目	关键词/高频词	推测情节	解疑
第二十六回	【程乙本】 蜂腰桥设言传心事 潇湘馆春困发幽情 【杨藏本】 蘅芜院设言传密语 潇湘馆春困发幽情 【舒序本】 蜂腰桥目送传密语 潇湘馆春困发幽情			
第二十七回	【程乙本】 滴翠亭杨妃戏彩蝶 埋香冢飞燕泣残红			
第二十八回	【程乙本】 蒋玉菡情赠茜香罗 薛宝钗羞笼红麝串			
第二十九回	【程乙本】 享福人福深还祷福 痴情女情重愈斟情 【杨藏本】 享福人福深还祷福 多情女情重愈钟情 【甲辰本】 享福人福深还祷福 惜情女情重愈斟情 【列藏本】 享福人福深还祷福 痴情女情重愈斟情			
第三十回	【程乙本】 宝钗借扇机带双敲 椿龄画蔷痴及局外 【蒙府本】 宝钗借扇机带双敲 龄官划蔷痴及局外			

回次	各版本回目	关键词/高频词	推测情节	解疑
第三十一回	【程乙本】 撕扇子作千金一笑 因麒麟伏白首双星 【杨藏本】 撕扇子公子追欢笑 拾麒麟侍儿论阴阳			
第三十二回	【程乙本】 诉肺腑心迷活宝玉 含耻辱情烈死金钏			
第三十三回	【程乙本】 手足耽耽小动唇舌 不肖种种大承笞挞 【卞藏本】 小进谗言素非友爱 大加打楚诚然不肖			
第三十四回	【程乙本】 情中情因情感妹妹 错里错以错劝哥哥 【卞藏本】 露真情倾心感表妹 信讹言苦口劝亲兄			
第三十五回	【程乙本】 白玉钏亲尝莲叶羹 黄金莺巧结梅花络			
第三十六回	【程乙本】 绣鸳鸯梦兆绛芸轩 识分定情悟梨香院 【杨藏本】 绣鸳鸯惊梦绛芸轩 识分定情悟梨香院			
第三十七回	【程乙本】 秋爽斋偶结海棠社 蘅芜苑夜拟菊花题 【甲辰本】 秋爽斋偶结海棠社 蘅芜苑夜拟菊花题			

回次	各版本回目	关键词/高频词	推测情节	解疑
第三十八回	【程乙本】 林潇湘魁夺菊花诗 薛蘅芜讽和螃蟹咏 【列藏本】 林潇湘魁夺菊花诗 薛蘅芜讽和螃蟹韵			
第三十九回	【程乙本】 村姥姥是信口开河 情哥哥偏寻根究底 【杨藏本】 村老妪谎谈承色笑 痴情子实意觅踪迹 【舒序本】 村姥姥是信口开河 情哥哥偏寻根问底 【蒙府本】 村老妪是信口开河 痴情子偏寻根究底			
第四十回	【程乙本】 史太君两宴大观园 金鸳鸯三宣牙牌令			
第四十一回	【程乙本】 贾宝玉品茶栊翠庵 刘姥姥醉卧怡红院 【庚辰本】 栊翠庵茶品梅花雪 怡红院劫遇母蝗虫 【蒙府本】 贾宝玉品茶栊翠庵 刘老妪卧醉怡红院 【戚序本】 贾宝玉品茶栊翠庵 刘老妪醉卧怡红院			
第四十二回	【程乙本】 蘅芜君兰言解疑癖 潇湘子雅谑补余音			

回次	各版本回目	关键词/高频词	推测情节	解疑
第四十三回	【程乙本】 闲取乐偶攒金庆寿 不了情暂撮土为香 【杨藏本】 闲取乐偶攒金庆寿 不了情皆撮土为香			
第四十四回	【程乙本】 变生不测凤姐泼醋 喜出望外平儿理妆			
第四十五回	【程乙本】 金兰契互剖金兰语 风雨夕闷制风雨词			
第四十六回	【程乙本】 尴尬人难免尴尬事 鸳鸯女誓绝鸳鸯偶 【列藏本】 尴尬人难免尴尬事 鸳鸯女誓却鸳鸯偶 【蒙府本】 尴尬人难免尴尬事 鸳鸯女誓绝鸳鸯侣			
第四十七回	【程乙本】 呆霸王调情遭苦打 冷郎君惧祸走他乡			
第四十八回	【程乙本】 滥情人情误思游艺 慕雅女雅集苦吟诗			
第四十九回	【程乙本】 琉璃世界白雪红梅 脂粉香娃割腥啖膻 【蒙府本】 白雪红梅园林佳景 割腥啖膻闺阁野趣			

回次	各版本回目	关键词/高频词	推测情节	解疑
第五十回	【程乙本】 芦雪亭争联即景诗 暖香坞雅制春灯谜 【庚辰本】 芦雪广争联即景诗 暖香坞雅制春灯谜 【列藏本】 芦雪庭争联即景诗 暖香坞创制春灯谜			
第五十一回	【程乙本】 薛小妹新编怀古诗 胡庸医乱用虎狼药			
第五十二回	【程乙本】 俏平儿情掩虾须镯 勇晴雯病补雀金裘			
第五十三回	【程乙本】 宁国府除夕祭宗祠 荣国府元宵开夜宴			
第五十四回	【程乙本】 史太君破陈腐旧套 王熙凤效戏彩斑衣			
第五十五回	【程乙本】 辱亲女愚妾争闲气 欺幼主刁奴蓄险心			
第五十六回	【程乙本】 敏探春兴利除宿弊 贤宝钗小惠全大体 【列藏本】 贾探春兴利除宿弊 薛宝钗小惠全大体			

回次	各版本回目	关键词/高频词	推测情节	解疑
第五十七回	【程乙本】 慧紫鹃情辞试莽玉 慈姨妈爱语慰痴颦 【列藏本】 慧紫鹃情辞试宝玉 薛姨妈爱语慰痴颦 【戚序本】 慧紫鹃情辞试宝玉 慈姨母爱语慰痴颦			
第五十八回	【程乙本】 杏子阴假凤泣虚凰 茜纱窗真情揆痴理 【甲辰本】 杏子阴假凤泣虚凰 茜纱窗真情揆痴理			
第五十九回	【程乙本】 柳叶渚边嗔莺叱燕 绛芸轩里召将飞符			
第六十回	【程乙本】 茉莉粉替去蔷薇硝 玫瑰露引出茯苓霜			
第六十一回	【程乙本】 投鼠忌器宝玉瞒赃 判冤决狱平儿行权 【列藏本】 投鼠忌器宝玉讯脏 判冤决狱平儿行权 【戚序本】 投鼠忌器宝玉情脏 判冤决狱平儿徇私			
第六十二回	【程乙本】 憨湘云醉眠芍药裀 呆香菱情解石榴裙			

续表

回次	各版本回目	关键词/高频词	推测情节	解疑
第六十三回	【程乙本】 寿怡红群芳开夜宴 死金丹独艳理亲丧			
第六十四回	【程乙本】 幽淑女悲题五美吟 浪荡子情遗九龙佩			
第六十五回	【程乙本】 贾二舍偷娶尤二姨 尤三姐思嫁柳二郎 【蒙府本】 膏粱子惧内偷娶妾 淫奔女改行自择夫			
第六十六回	【程乙本】 情小妹耻情归地府 冷二郎一冷入空门			
第六十七回	【程乙本】 见土仪颦卿思故里 闻秘事凤姐讯家童 【甲辰本】 馈土物颦卿念故里 讯家童凤姐蓄阴谋			
第六十八回	【程乙本】 苦尤娘赚入大观园 酸凤姐大闹宁国府 【蒙府本】 苦尤娘赚入大观园 酸凤姐闹翻宁国府			
第六十九回	【程乙本】 弄小巧用借剑杀人 觉大限吞生金自逝			
第七十回	【程乙本】 林黛玉重建桃花社 史湘云偶填柳絮词			

续表

回次	各版本回目	关键词/高频词	推测情节	解疑
第七十一回	【程乙本】 嫌隙人有心生嫌隙 鸳鸯女无意遇鸳鸯			
第七十二回	【程乙本】 王熙凤恃强羞说病 来旺妇倚势霸成亲 【列藏本】 王熙凤倚强羞说病 来旺妇倚势霸成亲			
第七十三回	【程乙本】 痴丫头误拾绣春囊 懦小姐不问累金凤			
第七十四回	【程乙本】 惑奸谗抄检大观园 矢孤介杜绝宁国府 【甲辰本】 惑奸谗抄检大观园 矢孤人杜绝宁国府			
第七十五回	【程乙本】 开夜宴异兆发悲音 赏中秋新词得佳谶			
第七十六回	【程乙本】 凸碧堂品笛感凄清 凹晶馆联诗悲寂寞			
第七十七回	【程乙本】 俏丫鬟抱屈夭风流 美优伶斩情归水月			
第七十八回	【程乙本】 老学士闲征姽婳词 痴公子杜撰芙蓉诔			

回次	各版本回目	关键词/高频词	推测情节	解疑
第七十九回	【程乙本】 薛文起悔娶河东吼 贾迎春误嫁中山狼			
第八十回	【程乙本】 美香菱屈受贪夫棒 王道士胡诌妒妇方 【蒙府本】 懦弱迎春肠回九曲 姣怯香菱病入膏肓			

二、捕捉回目的语言特色

曹雪芹善于炼字。这个特点不仅体现在"批阅十载，增删五次"的写作态度中，也体现在看似平淡无奇的回目中。我们尝试从语素、修辞两个角度对回目的语言展开分析，帮助大家捕捉回目中精彩的语言特色。

（一）语素

语素是语言学术语。语法单位有大有小，最大的语法单位是句子，比句子小的语法单位依次是词组、词、语素。人类的语言是有声音、有意义的，是语音和语义的结合体。优秀的文学作品内涵是极其丰富的，艺术家们独运匠心，借助微妙的语素表现出别样的精彩。文本细读就是建立在对语言的敏感鉴赏之上，咬文嚼字，透过表面文字寻找言外之意。

文本细读重视对语素的语境义的阐释，对语素的语境义的阐释是建立在对语素本义的了解的基础上的。对于《红楼梦》这类文学作品的阅读更是如此，对其中的生字、异体字、生僻字的理解需要借助字典、词典，千万不可囫囵吞枣，一带而过，这样很容易忽略许多重要的细节。如《红楼梦》第五十一回出现了一个语素"戥子"：

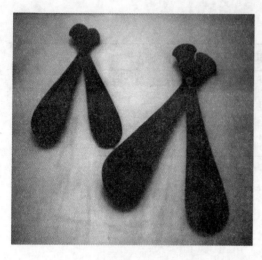

戥　子

说着，二人来至宝玉堆东西的房子，开了螺甸柜子，上一格子都是些笔墨、扇子、香饼、各色荷包、汗巾等物；下一格却是几串钱。于是开了抽屉，才看见一个小簸箩内放着几块银子，倒也有一把戥子。麝月便拿了一块银子，提起戥子来问宝玉："那是一两的星儿？"宝玉笑道："你问我？有趣，你倒成了才来的了。"麝月也笑了，又要去问人。

这回说的是袭人回家探母病，不在怡红院，晴雯因夜间与麝月玩闹着了风寒，需要请大夫医治，宝玉不想惊动官中，担心丫头生病被送出去，于是派了婆子暗中去请太医，新来的胡太医是个庸医且不通晓贾府的规矩。在他诊脉开方离开后，宝玉问过婆子行情，要给大夫一两的轿马钱，麝月不认识一两的戥子，便问宝玉，宝玉反笑道："你问我？有趣，你倒成了才来的了。"这句话说得麝月不禁莞尔，几番折腾，最终还是在婆子的指导下拿出了相应的银子。

"戥"字从星从戈，是用小铜点做刻度标记的微型秤，属于小型的杆秤，是旧时专门用来称量金、银、贵重药品和香料的精密衡器，用料考究，做工精细，技艺独特。如今也被当作收藏品。

文本细读要考虑词语使用的语境，在此基础上确定词义。宝玉是簪缨世家的富贵公子，日常生活中根本用不到银子。而麝月作为丫鬟不认识戥子似乎有些说不过去，但细想来也是自然，贾府对待下人是非常宽厚的，以至于这些大丫鬟的吃喝穿戴甚至优于一般人家的小姐，她们的吃穿用度一律由官中供给，加之宝玉对女孩儿的尊宠纵容，麝月不认得戥子也就不稀奇了。

　　一个小小的戥子，细读过后便能体会到如此丰富的内涵，这就提醒我们在细读《红楼梦》时需要关注到每个语素上。文本如此，回目更是如此，回目是作者语言精练之后的精华、雕琢之后的精彩，凝练度高，在用词上做到了精益求精，因此更需要细细品读回目的每个语素，从中窥见作者的匠心。

　　（二）修辞

　　《红楼梦》的回目讲究修辞，擅用各种修辞格以体现作品的诗意。

　　比喻修辞在回目中较为常见。第四十九回"琉璃世界白雪红梅　脂粉香娃割腥啖膻"就以"琉璃世界"比喻雪后景色，诗情画意，富有美感，令人神往。运用比喻修辞的回目还有第十九回"情切切良宵花解语　意绵绵静日玉生香"、第五十八回"杏子阴假凤泣虚凰　茜纱窗真情揆痴理"等。

　　借代也是回目中常用的修辞。借代，顾名思义是不直接把所要说的事物的名称说出来，而用跟它有关系的另一种事物的名称来代替它，因此多数借代词为名词。运用借代修辞格描写人物能使描写对象更加形象生动，且能引人联想，给人留下深刻印象。第二十七回"滴翠亭杨妃戏彩蝶　埋香冢飞燕泣残红"，其中"杨妃"和"飞燕"分别用来指代薛宝钗和林黛玉。借代这一手法在回目中既能很好地展现人物的性格，也能避免重复。

　　反复修辞在回目中也颇为常见。反复修辞是为了强调某种意思、某种情感，特意重复使用某些情感或特意重复使用某些词语、句子或段落等。如第十九回"情切切良宵花解语　意绵绵静日玉生香"，"情切切""意绵绵"用叠字展现了宝玉与两位女性的细腻关系。反复修辞的使用讲究音韵，读着顺口，抑扬顿挫，与对仗工整且灵活多变的句式共同构成了回目的音韵美。

阅读任务：

请尝试从语素、修辞两个角度完成细读，填写下表。大家在细读过程中也可以进一步推测每个回目的内容，并借助给出的内容概括，初步了解作品内容。

"欣赏戴着镣铐的舞蹈"中已经依据不同版本回目推测了大致内容，对照王希廉的分段概括有助于更好地把握故事脉络，实现充分的预读。王希廉工书善诗文，因评赞《红楼梦》号护花主人。他在《红楼梦总评》中将《红楼梦》一百二十回分作二十一段，认为这是全书结构的关键。表格中"主要内容"一栏是王希廉在《红楼梦总评》中对前八十回内容的概括。姑且不论这种结构是否合理，但通过他对《红楼梦》内容的概括，可以帮助我们更好地达到预读全书的目的。

《红楼梦》前八十回的主要内容

回次	语素				修辞	主要内容
	人物	一字定评	地点	节日		
第一回	甄士隐 贾雨村					第一回为一段，说作书之缘起，如制艺之起讲，传奇之楔子
第二回	贾夫人 冷子兴		扬州城 荣国府			第二回为二段，叙宁、荣二府家世及林、甄、王、史各亲戚，如制艺中之起股，点清题目眉眼，才可发挥意义

续表

回次	语素				修辞	主要内容
	人物	一字定评	地点	节日		
第三回	贾雨村 林黛玉		荣国府			三、四回为三段，叙宝钗、黛玉与宝玉聚会之因由
第四回						
第五回	十二钗		幻境			五回为四段，是一部《红楼梦》之纲领
第六回						六回至十六回为五段，结秦氏诲淫丧身之公案，叙熙凤作威造孽之开端。按第六回刘老老一进荣国府后，应即叙荣府情事；乃转详于宁而略于荣者，缘贾府之败，造衅开端，实起于宁。秦氏为宁府淫乱之魁，熙凤虽在荣府，而弄权实始于宁府，将来荣府之获罪，皆其所致，所以首先细叙
第七回						
第八回						
第九回						
第十回						
第十一回						
第十二回						
第十三回						
第十四回						
第十五回						
第十六回						
第十七回						十七回至二十四回为六段，叙元妃沐恩省亲、宝玉姊妹等移住大观园，为荣府正盛之时
第十八回						
第十九回						
第二十回						
第二十一回						
第二十二回						
第二十三回						
第二十四回						

回次	语素				修辞	主要内容
	人物	一字定评	地点	节日		
第二十五回						二十五回至三十二回为七段，是宝玉第一次受魔几死，虽遇双真持诵通灵，而色孽情迷，惹出无限是非
第二十六回						
第二十七回						
第二十八回						
第二十九回						
第三十回						
第三十一回						
第三十二回						
第三十三回						三十三回至三十八回为八段，是宝玉第二次受责几死，虽有严父痛责，而痴情益甚；又值贾政出差，更无拘束
第三十四回						
第三十五回						
第三十六回						
第三十七回						
第三十八回						
第三十九回						三十九回至四十四回为九段，叙刘老老、王凤姐得贾母欢心
第四十回						
第四十一回						
第四十二回						
第四十三回						
第四十四回						

续表

回次	语素				修辞	主要内容
	人物	一字定评	地点	节日		
第四十五回						四十五回至五十二回为十段，于诗酒赏心时，忽叙秋窗风雨，积雪冰寒；又于情深情滥中，忽写无情绝情，变幻不测，隐寓泰极必否、盛极必衰之意
第四十六回						
第四十七回						
第四十八回						
第四十九回						
第五十回						
第五十一回						
第五十二回						
第五十三回						五十三回至五十六回为十一段，叙宁、荣二府祭祠家宴，探春整顿大观园，气象一新，是极盛之时
第五十四回						
第五十五回						
第五十六回						
第五十七回						五十七回至六十三上半回为第十二段，写园中人多，又生出许多唇舌事件，所谓兴一利，即有一弊也
第五十八回						
第五十九回						
第六十回						
第六十一回						
第六十二回						
第六十三回						

回次	语素				修辞	主要内容
	人物	一字定评	地点	节日		
第六十四回						
第六十五回						六十三下半回至六十九回为第十三段，叙贾敬物故，贾琏纵欲，凤姐阴毒，了结尤二姐、尤三姐公案
第六十六回						
第六十七回						
第六十八回						
第六十九回						
第七十回						七十回至七十八回为第十四段，叙大观园中风波迭起，贾氏宗祠先灵悲叹，宁、荣二府将衰之兆
第七十一回						
第七十二回						
第七十三回						
第七十四回						
第七十五回						
第七十六回						
第七十七回						
第七十八回						
第七十九回						七十九回至八十五回为第十五段，叙薛蟠悔娶、迎春误嫁，一嫁一娶，均受其殃
第八十回						

三、窥见曹雪芹的创作观

回目是小说的眼睛，能够进入回目的人物、地点、事件、关键词一定是重中之重。通过前两个部分我们从语言角度细读了回目，整理了回目中的语素、修辞，并借助名家评点了解了《红楼梦》前八十回的主要内容。大家可以在此基础上通过纵观表格、统计作品回目关键词出现的频率，窥见曹雪芹的创作观。

高考语文仿真模拟试题（一）

（满分：150分　考试用时：150分钟）

一、现代文阅读（35分）

（一）现代文阅读Ⅰ（本题共5小题，19分）

阅读下面的文字，完成1～5题。

材料一：《红楼梦》含蓄风格的形成，与时代和作家的身世经历有着十分直接的联系。《红楼梦》明确强调以"我半世亲睹亲闻"的"一段陈迹故事"为创作素材，开卷即云："因曾历过一番梦幻，之后故将真事隐去，而借'通灵'之说，撰此《石头记》一书也。故曰'甄士隐'云云。"又云："欲将已往所赖天恩祖德，锦衣纨绔之时，饫甘餍肥之日，背父兄教育之恩，负师友规训之德，以至今日一技无成，半生潦倒之罪，编述一集，以告天下人。"因此，《红楼梦》是一部具有强烈真实性的作品……同时，《红楼梦》含蓄风格的形成，与曹雪芹深受传统文化的哺育是分不开的。受传统文化哺育的曹雪芹，是个多才多艺的人。他不仅是个小说家，而且工于诗画。他熟练掌握了含蓄的手法，并将含蓄的手法运用到小说创作中，并使之别具特色。含蓄手法的运用，是小说《红楼梦》具有伟大艺术力量的重要因素。

《红楼梦》含蓄风格的表现，无外乎三种。一是从内容上说的，含义深隐，"意在言外"。《红楼梦》到底是一部什么书，历来看法分歧最大。鲁迅说过："读《红楼梦》，单是命意，就因读者的眼光而有种种：经学家看见《易》，道学家看见淫，才子看见缠绵，流言家看见宫闱秘事……"两百多年来，对《红楼梦》的思想内容，人们争论不休，意见不一。这就是《红楼梦》含蓄风格的反映……概括地说，《红楼梦》是一部政治小说，它描写了极为广阔的社会生活和矛盾，写了一个有典型意义的贵族之家由兴盛到衰亡的必然过程，其中着力写了三种矛盾：统治者与被统治者之间的矛盾，统治者之间的内部矛盾，叛逆者与封建卫道者之间的矛盾。许多人认识不清，是因为《红楼梦》的许多思想内容都是含蓄表达的……二是从细节上说的，暗示情节，充满蕴意。细节本是刻画人物、推动情节发展的重要手段。一般都意图明确，紧扣写作目的。而"暗示性细节"的意图却深藏于表象之下，需要经读者用心体味，才能领略其中的妙处。如《红楼梦》第十三回"秦可卿死封龙禁尉王熙凤协理宁国府"写秦可卿死后消息传出来，"彼时合家皆知，无不纳罕，都有些疑心"，而"贾珍哭得像泪人一般"并"拍手道：'如何料理，不过尽我所有罢了'"。于是置买棺材，捐龙禁尉，请凤姐料理丧事，可贾珍的父亲贾敬在城外庙中不肯回来。贾珍的妻子尤氏"正犯了胃疼旧疾，睡在床上"，诸事不理。最出奇的是中间只字未提死者的丈夫贾蓉，而且在贾珍为秦氏觅得棺木时补上一句："此时贾珍恨不能代秦氏之死。"参照焦大所骂言语，个中奥妙已是十分明显的了。作者不用文字直接描绘，而是用细节暗示，含蓄有效地反映了"秦可卿淫丧天香楼"的事实，耐人寻味。三是从手法上说的，采用含蓄手法，不用语句直言，而寄托于形象，"弦外音，味外味"。在《红楼梦》中，这种手法十分广泛地运用于诗、词、曲、赋、诔文、骈文等诸文体中，以及人物的对话中……《芙蓉女儿诔》是宝玉为悼念晴雯而作的长篇祭文。实际上它是表达宝玉真情实意的"洒泪泣血"之作，因此它也是"多有微词"另有寄托之作。这篇诔文以炽热的感情，丰富而奇特的想象，生动而形象的比喻，歌颂了大观园中这位具有反抗精神和高洁品格的女奴，对她的悲惨遭遇和不幸命运，寄予了深切的同情。

由于《红楼梦》具有含蓄的艺术风格，因此"脂评"一再强调："凡看书人从此细心

体贴，方许你看，否则此书哭矣。""看官闭目熟思，方知趣味。"读者的阅读过程是个简单的接受过程，而这个接受过程又是个主动过程，读者不仅调动自己的视、听器官进行感性的直观活动，而且调动整个心灵去探求与把握作品的内在精神、深邃意蕴，并结合自身对作品进行品读。含蓄的手法，能造成一种深厚的意蕴，让读者发挥想象力参与再创作，细致地体味作品，把握其内在意蕴；含蓄还能进一步激活读者的接受活动，给读者留下进行艺术想象和创造的无限空间。掌握了方法之后，读者是越读越有味，读了还想读。因为诱导读者去体味出来的意蕴要比作者直接用文字表达出来的意思要丰富、有效得多。"细按""熟思"的读者，每读一次都可在心领神会之际获得新的东西，它就像一个浩瀚的海洋，可以取之不尽，因而屡读不厌。《红楼梦》以外的小说，恐怕还找不出第二个这样的例子来。

（摘编自李邵梅《言在此而意在彼—〈红楼梦〉含蓄艺术风格浅析》，有删改）

材料二：读《红楼梦》当然不能离开其文本，但《红楼梦》的文本是中华古典文化的巅峰结晶，并且极其独特，对其解读不能图省事，走捷径，西方的古典、现代、后现代文论固然可以引为借鉴，如王国维借叔本华的理论来抒发自己读《红楼梦》的审美感受，颇能启人，但终究还是给人附会之感；中国以往的文论，当然更可以用来作为解读《红楼梦》的工具，脂砚斋批书，就使用频仍，但因为曹雪芹的笔力有超越他以前全部中国文化的性质，因此以这些工具来衡量，往往也力不从心；这就说明，要解读《红楼梦》，到头来还是必须彻底弄清曹雪芹写作这部伟著的时代背景，即康熙——雍正——乾隆三朝的政治风云、社会变迁、文化习尚，这也就必须攻史。举例来说，不通史，怎么能读懂"义忠亲王老千岁""坏了事"以及"双悬日月照乾坤"这些文本字句的深刻内涵？而流传下来的历史记载，往往是"胜利者写的"，比如雍正在与其十几个兄弟争斗王位的斗争中终于胜出，那么，他就要改写甚至删削康熙时的大量记载，乾隆虽是和平顺利地继承了王位，他本人甫上台也很注意实行皇族亲睦的怀柔政策，但没想到权力斗争是不以个人意志为转移的，他再怎么不愿出事，也还是发生了"弘晳逆案"，乾隆果断麻利地处理了这一政治危机，他胜利了，于是，他采取了销毁相关记载的"留白"史笔，今人要弄清那时的真情实况——这对研究《红楼梦》文本至关重要。曹雪芹家族的"落了片白茫茫大地真干净"，《红楼梦》中贾府的大悲剧展开的时代背景也正是此前此后——还历史真面目，"补白"，不搜集资料，作细致研究，那怎么能有成果？

（摘编自刘心武《满弓射鹄志锐坚——读周汝昌先生〈红楼家世〉有感》，有删减）

1. 下列对材料相关内容的理解和分析，不正确的一项是（3分）　　（　　）

A. 《红楼梦》含蓄风格的形成，既有客观的时代因素，也有个人遭遇的主观因素。

B. 含蓄手法的运用，使得《红楼梦》具有独特的艺术吸引力，也是《红楼梦》具有伟大艺术力量的重要原因。

C. 读者的阅读过程，就是结合自身实际，调动心灵去探求和把握作品内在精神及深邃意蕴的过程。

D. 《红楼梦》让人屡读不厌，主要是因为它"像一个浩瀚的海洋"，能让读者在阅读过程中不断获得新的东西。

2. 根据材料内容，下列说法正确的一项是（3分）　　（　　）

A. 因为《红楼梦》里的所有思想内容都是含蓄表达的，所以很多人认识不清，对《红楼梦》的思想内容争论不休，意见不一。

B. 含蓄的手法，能让读者发挥想象力参与再创作，细致地体味作品，把握其内在意蕴，而作者直接用文字表达则没有这种效果。

C.在研究《红楼梦》的过程中，西方的一些文论可以作为借鉴，并且也有借鉴的先例，这种借鉴能够给人启发，作者肯定了这种借鉴。

D.在刘心武看来，《红楼梦》研究要有成果，必须结合其时代背景。搜集资料，细致研究，还原历史原貌极为重要。

3.结合材料内容，下列选项不属于"含蓄风格表现"的范畴的一项是（3分）（　　）

A.《红楼梦》写作于清代大兴文字狱之时，"一字相牵，百口莫辩，一人获罪，九族株连"，写《红楼梦》只能含蓄。

B.《红楼梦》第十六回中，作者还借赵嬷嬷之口，把江南甄家几次大规模的接驾讥之为"虚热闹"，体现了对君权的批判。

C.《红楼梦》中"宝玉挨打"的原因，从贾政不满意宝玉会见贾雨村时的态度以及宝玉与琪官的交往给贾政招来政治纠纷中可以看出端倪。

D.《红楼梦》第七十八回中，贾宝玉应贾政之命，悼林四娘而作的《姽婳词》，借歌颂林四娘的英勇来讥斥满朝的君臣。

4.请简要梳理材料一的行文脉络。（4分）

答：_____

_____

5.结合材料一和材料二说说，要解读《红楼梦》为什么"到头来还是必须彻底弄清曹雪芹写作这部伟著的时代背景"？（6分）

答：_____

（二）现代文阅读Ⅱ（本题共4小题，16分）

阅读下面的文字，完成6～9题。

宝钗扑蝶①

①至次日乃是四月二十六日，原来这日未时交芒种节。尚古风俗：凡交芒种节的这日，都要设摆各色礼物，祭饯花神，言芒种一过，便是夏日了，众花皆卸，花神退位，须要饯行。然闺中更兴这件风俗，所以大观园中之人都早起来了。那些女孩子们，或用花瓣柳枝编成轿马的，或用绫锦纱罗叠成干旄旌幢的，都用彩线系了。每一颗树上，每一枝花上，都系了这些物事。满园里绣带飘飖，花枝招展，更兼这些人打扮得桃羞柳让，燕妒莺惭，一时也道不尽。

②且说宝钗、迎春、探春、惜春、李纨、凤姐等并巧姐、大姐、香菱与众丫鬟们在园内玩耍，独不见林黛玉。迎春因说道："林妹妹怎么不见？好个懒丫头！这会子还睡觉不成？"宝钗道："你们等着，我去闹了他来。"说着便丢下了众人，一直往潇湘馆来。正走着，只见文官等十二个女孩子也来了，上来问了好，说了一回闲话。宝钗回身指道："他们都在那里呢，你们找他们去罢。我叫林姑娘去就来。"说着便逶迤往潇湘馆来。

③忽然抬头，见宝玉进去了，宝钗便站住低头想了想：宝玉和林黛玉是从小儿一处长大，他兄妹间多有不避嫌疑之处，嘲笑不忌，喜怒无常；况且林黛玉素习猜忌，好弄小性儿的。此刻自己也跟了进去，一则宝玉不便，二则黛玉嫌疑。罢了，倒是回来的妙。想毕抽身回来。

④刚要寻别的姊妹去，忽见前面一双玉色蝴蝶，大如团扇，一上一下迎风翩跹，十分有趣。宝钗意欲扑了来玩耍，遂向袖中取出扇子来，向草地下来扑。只见那一双蝴蝶忽起忽落，来来往往，穿花度柳，将欲过河去了。倒引的宝钗蹑手蹑脚的，一直跟到池中滴翠亭上，香汗淋漓，娇喘细细。宝钗也无心扑了，刚欲回来，只听滴翠亭里边嘁嘁喳喳有人说话。原来这亭子四面俱是游廊曲桥，盖造在池中水上，四面雕镂槅子糊着纸。

⑤宝钗在亭外听见说话，便煞住脚往里细听，只听说道："你瞧瞧这手帕子，自然是你丢的那块，你就拿着；要不是，就还芸二爷去。"又有一人说话："可不是我那块！拿来给我罢。"又听道："你拿什么谢我呢？难道白寻了来不成。"又答道："我既许了谢你，自然不哄你。"又听说道："我寻了来给你，自然谢我，但只是拣的人，你就不拿什么谢他？"又回道："你别胡说。他是个爷们家，拣了我的东西，自然该还的。我拿什么谢他呢？"又听说道："你不谢他，我怎么回他呢？况且他再三再四的和我说了，若没谢的，不许我给你呢。"半晌，又听答道："也罢，拿我这个给他，算谢他的罢。……你要告诉别人呢？须说个誓来。"又听说道："我要告诉一个人，就长一个疔，日后不得好死！"又听说道："嗳呀！咱们只顾说话，看有人来悄悄在外头听见。不如把这槅子都推开了，便是有人见咱们在这里，他们只当我们说顽话呢。若走到跟前，咱们也看的见，就别说了。"

⑥宝钗在外面听见这话，心中吃惊，想道："怪道从古至今那些奸淫狗盗的人，心机都不错。这一开了，见我在这里，他们岂不臊了。况才说话的语音，大似宝玉房里的红儿的言语。他素昔眼空心大，是个头等刁钻古怪东西。今儿我听了他的短儿，一时人急造反，狗急跳墙，不但生事，而且我还没趣。如今便赶着躲了，料也躲不及，少不得要使个'金蝉脱壳'的法子。"犹未想完，只听"咯吱"一声，宝钗便故意放重了脚步，笑着叫道："颦儿，我看你往那里藏！"一面说，一面故意往前赶。

⑦那亭内的红玉、坠儿刚一推窗，只听宝钗如此说着往前赶，两个人都唬怔了。宝钗反向他二人笑道："你们把林姑娘藏在那里了？"坠儿道："何曾见林姑娘了。"宝钗道："我才在河那边看着林姑娘在这里蹲着弄水儿的。我要悄悄的唬他一跳，还没有走到跟前，他倒看见我了，朝东一绕就不见了。别是藏在这里头了。"一面说一面故意进去寻了一寻，抽身就走，口内说道："一定是又钻在山子洞里去了。遇见蛇，咬一口也罢了。"一面说一面走，心中又好笑：这件事算遮过去了，不知他二人是怎样。

⑧谁知红玉听了宝钗的话，便信以为真，让宝钗去远，便拉坠儿道："了不得了！林姑娘蹲在这里，一定听了话去了！"坠儿听说，也半日不言语。红玉又道："这可怎么样呢？"坠儿道："便是听了，管谁筋疼，各人干各人的就完了。"红玉道："若是宝姑娘听见，还倒罢了。林姑娘嘴里又爱刻薄人，心里又细，他一听见了，倘或走露了风声，怎么样呢？"二人正说着，只见文官、香菱、司棋、侍书等上亭子来了。二人只得掩住这话，且和他们顽笑。

注：①本文节选自《红楼梦》第二十七回《滴翠亭杨妃戏彩蝶，埋香冢飞燕泣残红》，题目为编者所加。

6.下列对小说相关内容的理解，不正确的一项是（3分）（　　）

A."好个懒丫头！这会子还睡觉不成？"迎春此语看似是对黛玉的嗔怪埋怨，其实只是姐妹间憔堂嬉闹打趣面白。

B.见宝玉进入潇湘馆，宝钗稍作思忖便抽身回来，既可见其心思之缜密，也表现出她对宝黛亲密关系的不以为意。

C.对宝黛相会和红坠密谈，宝钗的处理方式截然不同，前者刻意回避，后者故意声张，彰显出她高超的应变能力。

D.从红玉和坠儿交谈中，可以看出她们二人的不同之处：红玉思虑较多，有些矜持；坠儿则随性率真，心思单纯。

7.下列对小说艺术特色的分析鉴赏，不正确的一项是（3分）（　　）

A.第①段祭饯花神的场面描写，营造出庄重肃穆的节日气氛，寄寓着众女子对春光即逝的伤感，并为人物出场提供了背景。

B. 第⑤段中，小说未直接点明对话二人的真实身份，这样写既符合宝钗身在亭外的客观情境，又设下悬念，增强了可读性。

C. 选文以宝钗行踪为线，叙写寻黛玉、扑蝴蝶、闻私语、巧脱身等事，并借语言、心理等描写将宝钗形象刻画得鲜明丰满。

D. 选文部分黛玉虽未出场，但交芒种节的时令交代、借他人之语对其性格特点的揭示，都为后文写黛玉泣泪葬花埋下伏笔。

8. 选文第④段在文中有何作用？（4分）

答：_____

_____

9. 宝钗在情急之下为什么会把黛玉作为自己脱身的挡箭牌？请结合《红楼梦》的相关内容，简要分析说明。（6分）

答：_____

_____

二、古代诗文阅读（35分）

（一）文言文阅读（本题共5小题，20分）

（2021·新高考全国卷Ⅱ）阅读下面的文言文，完成10～14题。

初范阳祖逖少有大志与刘琨俱为司州主簿同寝中夜闻鸡鸣蹴琨觉曰此非恶声也因起舞及渡江，左丞相睿以为军祭酒，逖居京口，纠合骁健，言于睿曰："晋室之乱，非上无道而下怨叛也，由宗室争权，自相鱼肉，遂使戎狄乘隙，毒流中土。今遗民既遭残贼，人思自奋，大王诚能命将出师，使如逖者统之以复中原，郡国豪杰必有望风响应者矣。"睿素无北伐之志，以逖为奋威将军、州刺史，给千人廪，布三千匹，不给铠仗，使自召募。秋八月，逖将其部曲百余家渡，中流，击楫而誓曰："祖逖不能清中原而复济者，有如大江！"遂屯淮阴，起冶铸兵，募得二千余人而后进。逖既入谯城，石勒遣石虎围谯，桓宣救之，虎解去。晋王传檄天下，称："石虎敢帅犬羊，渡河纵毒，今遣九军，锐卒三万，水陆四道，径造贼场，受祖逖节度。"大兴三年，逖镇雍丘，数遣兵邀击后赵兵，后赵镇戍归逖者甚多，境渐蹙。秋七月，诏加逖镇西将军。逖在军，与将士同甘苦，约己务施，劝课农桑，抚纳新附，虽疏贱者皆结以恩礼。逖练兵积谷，为取河北之计。后赵王勒患之，乃下幽州为逖修祖、父墓，置守冢二家，因与逖书，求通使及互市。逖不报书，而听其互市，收利十倍。禁诸将不使侵暴后赵之民。边境之间，稍得休息。四年秋七月，以尚书仆射戴渊为征西将军，镇合肥，逖以已翦荆棘收河南地，而渊雍容统之，意甚怏怏，又闻王敦与刘刁构陈，将有内难。知大功不遂，感激发病。九月，卒于雍丘，豫州士女若丧父母，谯、梁间皆为立祠。祖逖既卒，后赵屡寇河南，拔襄城、城父，围谯。豫州刺史祖约不能御，退屯寿春。后赵遂取陈留，梁、郑之间复骚然矣。

（节选自《通鉴纪事本末·祖逖北伐》）

10. 下列对文中画波浪线部分的断句，正确的一项是（3分）（　　）

A. 初 / 范阳祖逖少有大志 / 与刘琨俱为司州主簿 / 同寝中夜 / 闻鸡鸣 / 蹴琨觉曰 / 此非恶声也 / 因起舞 /

B. 初 / 范阳祖逖少 / 有大志 / 与刘琨俱为司州主簿 / 同寝中夜 / 闻鸡鸣 / 蹴 / 觉曰 / 此非恶声也 / 因起舞

C. 初 / 范阳祖逖少有大志 / 与刘琨俱为司州主簿 / 同寝 / 中夜闻鸡鸣 / 蹴琨觉曰 / 此非恶声也 / 因起舞

D. 初 / 范阳祖逖少 / 有大志 / 与刘琨俱为司州主簿同寝 / 中夜闻鸡鸣 / 蹴琨 / 觉曰 / 此非恶声也 / 因起舞

11. 下列对文中加点词语的相关内容的解说，不正确的一项是（3分）（　　）

A. 京口，古城名，在今江苏省镇江市，是古代长江下游军事重镇，为兵家所重。

B. 遗民，指改朝换代后仍然忠于前朝的人，也泛指沦陷区的人民，文中指后者。

C. 部曲，原指古代豪门大族和将领招募的私人军队，文中是指部队的编制单位。

D. 传檄，指檄文，是古代官府用以征召、晓谕声讨的文书，传檄即传布檄文。

12. 下列对原文有关内容的概述，不正确的一项是（3分）（　　）

A. 祖逖力请北伐，时任左丞相的司马睿虽无北伐之志，但仍然尽力支持，这坚定了祖逖的斗志，祖逖指江发誓：若不能收复中原就不再渡江返回江南。

B. 祖逖北伐，先在谯城遭石虎围攻，幸得桓宣救助；后镇雍丘，屡次派兵邀击后赵军队，使后赵疆土日益缩小；又为攻取河北练兵积谷，与后赵相持。

C. 大兴三年秋，朝廷任命祖逖为镇西将军。祖逖与将士同甘共苦，严于律己，广施恩惠，勉励督促农桑，安抚接纳新来归附的人，不论贵贱都加以礼遇。

D. 祖逖死后，后赵频频侵犯黄河以南地区，攻陷襄城、城父，包围谯城，豫州刺史祖约抵挡不住，退驻寿春，后赵攻取陈留，梁、郑之间又重新陷入了混乱。

13. 把文中画横线的句子翻译成现代汉语。（8分）

（1）逖不报书，而听其互市，收利十倍。（4分）

译文：_____

_____

（2）知大功不遂，感激发病。（4分）

译文：_____

14. 文中说到"边境之间，稍得休息"，具体原因是什么？请简要说明。（3分）

答：_____

_____

（二）古代诗歌阅读（本题共2小题，9分）

阅读下面这两首诗，完成15~16题。

满纸荒唐言

曹雪芹

满纸荒唐言，一把辛酸泪。

都云作者痴，谁解其中味？

咏菊

林黛玉

无赖诗魔昏晓侵，绕篱欹石自沉音。

毫端蕴秀临霜写，口齿噙香对月吟。

满纸自怜题素怨，片言谁解诉秋心？

一从陶令评章后，千古高风说到今。

15. 下列对这两首诗的理解，不正确的一项是（3分）（　　）

A.《满纸荒唐言》是作者的高明预见，每个人看到的都不是完整的《红楼梦》。

B.《满纸荒唐言》的作者借《红楼梦》给世人消愁解闷，同时寄托了内心的感慨。

C.《咏菊》的颔联描写黛玉临霜作诗、对月吟咏的情景，富有美感。

D.《咏菊》的尾联借写陶渊明歌咏菊花的高风亮节，暗示作者高洁的品格。

16.有人说，曹雪芹借《咏菊》中的"满纸自怜题素怨，片言谁解诉秋心？"表达了自己的心声，请比较这两首诗在内容情感方面的相同之处以及在表现手法方面的不同之处。（6分）

答：_____

（三）名篇名句默写（本题共1小题，6分）

17.补写出下列句子中的空缺部分。（6分）

（1）在《红楼梦》第七十回《林黛玉重建桃花社　史湘云偶填柳絮词》中，薛宝钗写了一首咏物词《临江仙柳絮》。有人评价这首词中"_____，_____"一句体现了宝钗追求自由，不为世俗功名利益所羁绊的心愿。

（2）《红楼梦》中的俗谚"阿房宫，三百里，住不下金陵一个史"出自《阿房宫赋》中的"_____"两句。

（3）《红楼梦》中描写王熙凤的句子是：_____，两弯柳叶吊梢眉。身量苗条，体格风骚，粉面含春威不露，_____。

三、语言文字运用（20分）

（一）语言文字运用Ⅰ（本题共3小题，9分）

阅读下面的文字，完成18~20题。

由于《红楼梦》本身巨大的艺术_____，加上《红楼梦》及其作者为我们留下了太多太多的谜团，红楼梦研究从一开始就呈现出扑朔迷离、众说纷纭的局面。但是从研究的对象来看，可分为两大类：从最早的脂批到清代的评点到现在的文本研究，其共同的地方就是研究《红楼梦》本身；而考证派和索隐派的共同点则是_____研究《红楼梦》及其作者为后人留下的谜团，只是他们所使用的方法和得出的结论不一样。由此来看，当考证派走向_____，新索隐派的出现就不是什么奇怪的事情了。

20世纪80年代以后，红学进入了一个辉煌的时期，真可谓百花齐放、百家争鸣。诸多杰出学者不断涌现，如余英时、潘重规、赵冈、梅节等红学家各自提出了自己的观点，（　　），如戴不凡先生提出了曹雪芹的著作权问题，欧阳健先生提出了程前脂后的观点，还出现了许多曹雪芹的遗物，如壁诗、箱子、画像、墓碑等_____，对于真伪问题，学者们争论得不亦乐乎，最后不了了之。与盛况空前的文献研究相比，文本研究就显得冷清多了。红学界经过文本研究的大力提倡，经历了很大进展，但产生的影响不甚明显。

18.依次填入文中横线上的词语，全都恰当的一项是（3分）　　　（　　）

A.魄力　着力　穷途末路　不一而足

B.魄力　着重　穷形尽相　不计其数

C.魅力　着重　穷途末路　不一而足

D.魅力　着力　穷形尽相　不计其数

19.下列在文中括号内补写的语句，最恰当的一项是（3分）　　　（　　）

A.越来越多的国人研究红学，在越来越大的范围内展开争鸣

B.国内研究红学的人越来越多，争鸣的范围也越来越大

C.越来越多的国人在越来越大的范围内展开争鸣

D.不仅争鸣的范围越来越大，国内研究红学的人也越来越多

20.文中画横线的句子有语病，下列修改最恰当的一项是（3分）　　　（　　）

A.红学界经过文本研究的大力提倡，进展很大，但产生的影响不甚明显。

B.经过红学界的大力提倡，文本研究经历了很大进展，但产生的影响不甚明显。

C.文本研究经过红学界的大力提倡，有了很大进展，但产生的影响不甚明显。

D.红学界经过文本研究的大力提倡，有了很大进展，但产生的影响不甚明显。

（二）语言文字运用Ⅱ（本题共2小题，11分）

阅读下面的文字，完成21~22题。

上海华东师大有位学者，写了一本《历史文化的全息图像》——论〈红楼梦〉》，其中谈到《红楼梦》对中国历史具有开天辟地的界分性："也即是说，所谓中国历史，就文化意味而言，可简明扼要地划分为《红楼梦》之前的历史和《红楼梦》之后的历史。""《红楼梦》问世，既标记着对以往历史（帝王将相的历史）的颠覆，又标记着一种人文精神的崛起。"

著名的作家王蒙作过《红楼梦》评点。他在评点本的《序》中说："《红楼梦》令你觉得汉语汉字真是无与伦比。它似乎已经把汉语汉字汉文学的可能性用尽了，把我们的文化写完了。""《红楼梦》①_____。人生经验，社会经验，感情经验，政治经验，艺术经验，无所不备。《红楼梦》就是人生。""几乎是，你的一切经历经验喜怒哀乐都能从《红楼梦》里找到参照，找到解释，找到依托，也找到心心相应的共振。""《红楼梦》②_____，读一部《红楼梦》，等于活了一次，至少是活了二十年。"

著名作家宗璞先生在王蒙《红楼启示录》一书的序言中说："《红楼梦》③_____。随着时代的变迁，读者的更换，会产生新的内容、新的活力。它本身是无价之宝，又起着聚宝盆的作用，把种种睿思、色色深情都聚在周围，发出耀目的光辉。"

21.在上文横线处补写恰当的语句，使整段文字语意完整连贯，内容贴切，逻辑严密，每处不超过10个字。（6分）

答：_____

_____

22.结合上面的语段，概括当代中学生应该阅读《红楼梦》的理由。（5分）

答：_____

四、写作（60分）

23.阅读下面的材料，根据要求写作。（60分）

材料一：《红楼梦》一书自问世以来，引发了读者对红楼人物的各种评价与思考，读者通过对红楼人物进行品评，仿佛在故事里，遇见了自己的人生。

材料二：贾宝玉对大观园众女子"敬而昵之"，平等对待；薛宝钗察觉到林黛玉偷看禁书《西厢记》，并没有当场张扬，而是私下善意地告诫了黛玉，黛玉深为感动；刘姥姥知恩图报救巧姐；王熙凤虽有很强的管理才能，但却聚钱敛财，作奸犯科，"反误了卿卿性命"；贾探春"心忧盛世之衰，深悉凤政之弊"，锐意改革；香菱身份卑微，却"苦志学诗"……

上述材料引发你怎样的联想和思考？树人中学图书馆"读者小报"拟出版一期主题为"品评红楼人物，提升个人素养"的专栏，请结合材料内容，联系自己的生活体验，写一篇文章，向该专栏投稿，体现你的认识与思考。

要求：选好角度，确定立意，明确文体，自拟标题，切合身份；不要套作，不得抄袭，不得泄露个人信息；不少于800字。

高考语文仿真模拟试题（二）

（满分：150分　考试用时：150分钟）

一、现代文阅读（35分）

（一）现代文阅读Ⅰ（本题共5小题，19分）

阅读下面的文字，完成1～5题。

材料一：鲁迅先生曾说："《红楼梦》的要点在敢于如实描写，并无讳饰，和从前的小说叙好人完全是好，坏人完全是坏的，大不相同，所以其中所叙的人物，都是'真'的人物。"据此创作原则观察，红楼女子们构成了一个真实的"美"的世界。其显著特征有三——美，是散落的，不追求集大成。红楼梦女性美是不偏不倚地散落在多数女子特别是少女少妇身上的。每个年轻女子都拥有某种单项优势，却没有全能冠军，是一种各美其美、美美与共的态势。

美，又是有分寸的、适度的，不追求绝伦超群。就像作者借石头之口所宣告的，他书中的女子没有班姑蔡女之类的女性样板，而是各有一份智慧，一份善良，一份真性情，是古往今来凡身心健康之女子人人拥有的普泛的基础的美。

红楼女子的美，又是有个别性、互补性的。小才，微善，真性情。单以真性情而论，可谓千姿百态，呈现出中国文化人所喜爱的种种文化人格。有些女子，在不同程度上以不同方式展示着任情之美，而另一些女子则在不同程度上以不同方式展示着中和之美。少有重合，少有雷同。

任情美的性格核心是较多地推重个性和自我。这种女子或活得洒脱，或心智锐敏。或性格刚烈，是古已有之的"不谄""不趋""不惧"的人文精神的自觉承传与任意流泻。中和美的性格核心是尊重自己、体恤他人。这种女子大都活得安详，待人谦和，且品行坚韧，是古已有之的"不矜不伐""不卑不亢"的人文精神的自觉承传与清醒高扬。

（摘编自刘敬圻《〈红楼梦〉的女性观与男性观》，《红楼梦大家谈》第7讲）

材料二：薛宝钗是一位"冷人"。曹雪芹写宝钗的冷性格，最为精彩的是写她有一种莫名的病症，需要服食一种名为"冷香丸"的药。

从第七回制药用药的叙述中可以看出，宝钗的天性并非真冷，她从娘胎里带出来的是热毒。她放不下世俗功名，总是劝宝玉走仕途经济之路，让宝玉觉得她也入了国贼禄鬼之流，这正是热的表现。"好风凭借力，送我上青云"，这分明也是热毒。但她为人处事却端庄大方，竭力掩盖自己内心深处对荣华富贵的追求与迷恋，这样就形成内热外冷的分裂，变得十分世故。"冷香丸"的意义，是解热毒的意义，也是治疗内外分裂的意义。这种解释虽能自圆其说，但近乎苛评。我倒很欣赏胡菊人先生的另一种见解。他的立场有所不同，对宝钗有一种理解之同情。

他说："这药丸可非同小可，是全书大悲剧的象征。"薛宝钗是个才、德、貌三全的人物，但她毕竟是个青春少女。她和林黛玉等少女一样，有生命激情，有爱恋向往，但她接受了一套儒家的道德规范，竭力掩盖、压抑自己的内热，以至用"冷香丸"来化解自己的内热。在封建道德观的威慑下，她竟然把自己的生命激情视为一种病，需要药治。林黛玉的悲剧固然是悲剧，但她毕竟把自己的情感毫无掩饰地率性表露过、宣泄过，任自己的眼泪挥洒过、畅流过，而薛宝钗则把一切真情感深深地压在心底，然后装出一副冷清的面孔去对付那个虚假的缺乏真情真性的世界。她是真正的封建道德的点缀品、牺牲品。她的心性表面上是被冷香丸化解掉的，实际上是被封建道德专制理念埋葬掉的。薛宝钗的悲剧是对青春热情

自我压抑，自我消灭的悲剧，是自己屈服于外部社会规范而牺牲自身心性的结果。这种自我压抑、自我消灭的悲剧，是更深刻的悲剧，所以胡菊人先生称之为"大悲剧"。

以往的评"红"者站在批判者的立场上，太过强调薛宝钗是封建关系的维护者，而忽视了她是封建规范、封建理念的牺牲者。而胡菊人先生则站在同情者的立场上，发现宝钗是一个不得不用冷香丸来冰冻青春热情，又不得不带着"冷人"面具去面对邪恶社会的人。

（摘编自刘再复《红楼人三十种解读》）

材料三：薛宝钗多年来蒙冤最甚的便是说她"奸"。直到20世纪80年代还有人以此相责，其实这说法有可商榷之处。"

比如，说她破坏宝黛爱情，觊觎宝二奶奶的位置，甚至还为此要了阴谋——移祸黛玉。我承认，宝钗是有缺点的。但读者如果不存先入之见，实事求是地分析此事的前因后果，则不难发现，指斥其"奸"过于严苛。那日正值芒种，宝钗与凤、纨、迎、探、惜等在园中玩耍，因独不见黛玉，故去潇湘馆找她。由于忽见宝玉进去，怕自己也去"一则宝玉不便，二则黛玉嫌疑"，她便抽身回来。这恰好证明她心地纯正，不存妒忌之念。接着见一玉色蝴蝶，十分有趣，遂追扑起来，又证明她当时并无醋意与不快。这时听见亭内红玉与坠儿说话，宝钗认为"奸淫狗盗"，固然反映了她的封建正统观念，实不足取，但她装着追寻黛玉，却是彼时彼境合乎实情之言。人们情急之下做出的反应往往与当时正在进行的事有关。宝钗当时就是为找黛玉而来，因此，说寻黛玉实在是最正常不过的。毕竟，处境窘急，脱口而出，情有可原。

比如。在金钏自杀的问题上，宝钗说她"纵然有这样大气，也不过是个糊涂人，也不为可惜"，确实是无情到了冷酷的程度。但说她将自己两套新衣拿来给金钏装裹，是为了对照贬损黛玉，实在有失偏颇。因为黛玉"素日是个有心的"之类的话是王夫人所说，且宝钗历来心胸宽大，从不计较琐事，连庭院花木、房间布置、衣服首饰等都不大讲究，所以在姨妈精神上承受巨大压力这一情境之下，她主动提出此议是十分自然的。她在宽慰王夫人时说的一席话，除了表现其惊人的无情外，确实有讨好巴结之嫌，但也仅仅是嫌疑而已。因为人们为了安慰亲人、朋友，有时会说一些减轻其责任的话，这并不能完全代表她心中真实的判断，只能说有讨好之嫌。断言其"奸"，并无铁证。

曹雪芹正是这样以严重缺点、微妙处境和几处嫌疑的模糊手法使宝钗形象复杂化，从而增加了对人物释读与评价的多种可能性，拓宽了审美的艺术空间。

（摘编自周思源《探秘集》）

1. 下列对材料相关内容的理解和分析，不正确的一项是（3分）　　（　　）

A. 红楼女子之美是各美其美，美得适度，体现了一些古已有之的人文精神。

B. 红楼女子的美是在不同程度上以不同方式展示着的任情之美与中和之美。

C. 材料二认为曹雪芹设计出以"冷香丸"治疗宝钗的"热毒"，是一种精彩的写法。

D."冷香丸"对宝钗治疗内热外冷的分裂性格有益，但对宝钗的真实心性是一种残忍的压抑。

2. 下列说法中，不能作为理由阐释胡菊人先生认为薛宝钗是大悲剧人物的项是（3分）（　　）

A. 内热外冷的分裂，使她世故　　　　B. 只能用假面对付虚伪的世界

C. 把生命激情视为疾病　　　　　　　D. 不曾像黛玉那样率性

3. 下列说法中，证明宝钗不"奸"的理由，与文意不符的项是（3分）　　（　　）

A. 去潇湘馆寻黛玉，因见宝玉进去怕有不便，便没有前往，可见她不存妒忌。

B. 担心红玉与坠儿怀疑自己，便假装是在追黛玉．这是情急之下的正常反应。

C. 认为金钏死不足惜，是特定情境下的话语，目的是安慰人，而不是讨好人。

D.提出拿自己的新衣给金钏装裹，是为了给王夫人减压，不是为了贬损黛玉。

4.材料三在论证上有哪些特点？请简要说明。（4分）

答：_____

5.对薛宝钗这人物形象的评价，历来众说纷纭。请综合以上三则材料，分析造成对宝钗的评价众说纷纭的原因。（6分）

答：_____

（二）现代文阅读Ⅱ（本题共4小题，16分）

阅读下面的小说，完成6～9题。

文本一：宝玉回至园中，袭人正惦记他去见贾政，不知是祸是福。只见宝玉醉醺醺回来，问其原故，宝玉一一向她说了。袭人道："人家牵肠挂肚地等着，你且高乐去，也到底打发人来给个信儿！"宝玉道："我何尝不要送信儿，只因冯世兄来了，就混忘了。"

正说着，只见宝钗走进来笑道："偏了我们新鲜东西了①。"宝玉笑道："姐姐家的东西，自然先偏了我们了。"宝钗摇头笑道："昨儿哥哥倒特特地请我吃，我不吃，我叫他留着请人送人罢。我知道我的命小福薄，不配吃那个！"说着，丫鬟倒了茶来，吃茶说闲话儿。

却说那黛玉听见贾政叫了宝玉去了，一日不回来，心中也替他忧虑。至晚饭后，闻得宝玉来了，心里要找他问问是怎么样了，一步步行来。见宝钗进宝玉的院内去了，自己也便随后走了来。刚到了沁芳桥，只见各色水禽尽都在池中浴水，也认不出名色来，但见一个个文彩闪灼，好看异常，因而站住看了一会儿。再往怡红院来，只见院门关着，黛玉便以手叩门。

谁知晴雯和碧痕正拌了嘴，没好气，忽见宝钗来了，那晴雯正把气移在宝钗身上，正在院内抱怨说："有事没事跑了来坐着，叫我们三更半夜的不得睡觉！"忽听又有人叫门，晴雯越发动了气，也并不问是谁，便说道："都睡下了，明儿再来罢！"黛玉素知丫头们的情性，他们彼此玩耍惯了，恐怕院内的丫头没听见是她的声音，只当别的丫头们来了，所以不开门，因而又高声说道："是我，还不开门么？"晴雯偏生还没听出来，便使性子说道："凭你是谁，二爷吩咐的，一概不许放人进来呢！"

黛玉听了，不觉气怔在门外，待要高声问她，逗起气来，自己又回思一番："虽说是舅母家如同自己家一样，到底是客边。如今父母双亡，无依无靠，现在他家依栖，若是认真恼气，也觉没趣。"一面想，一面又滚下泪珠来。真是回去不是，站着不是。正没主意，只听里面一阵笑语之声，细听一听，竟是宝玉宝钗二人。黛玉心中益发动了气，左思右想，忽然想起早起的事来："必竟是宝玉恼我告他的原故②。但只我何尝告了你，你也不打听打听，就恼我到这步田地。你今儿不叫我进来，难道明儿就不见面了？"越想越伤感起来，也不顾苍苔露冷、花径风寒，独立墙角边花阴之下，悲悲戚戚呜咽起来。

原来这黛玉秉绝代之姿容，具稀世之俊美，不期这一哭，那附近柳枝花朵上的宿鸟栖鸦一闻此声，俱忒楞楞飞起远避，不忍再听。正是：

花魂默默无情绪，鸟梦痴痴何处惊。

因有一首诗道：

颦儿才貌世应稀，独抱幽芳出绣闺。

呜咽一声犹未了，落花满地鸟惊飞。

那黛玉正自啼哭，忽听"吱嘍"一声，院门响处，只见宝钗出来了，宝玉袭人一群人都送出来。待要上去问着宝玉，又恐当着众人问羞了宝玉不便，因而闪过一旁，让宝钗去了，

宝玉等进去关了门，方转过来，尚望着门洒了几点泪。自觉无味，转身回来，无精打采地卸了残妆。

紫鹃雪雁素日知道黛玉的情性：无事闷坐，不是愁眉，便是长叹，且好端端的不知为着什么，常常的便自泪不干的。先时还有人解劝，或怕她思父母，想家乡，受委屈，用话来宽慰。谁知后来一年一月的，竟是常常如此，把这个样儿看惯了，也都不理论了。所以也没人理她，由她闷坐，只管外间自便去了。那黛玉倚着床栏杆，两手抱着膝，眼睛含着泪，好似木雕泥塑的一般，直坐到二更多天方才睡了。

（节选自曹雪芹《红楼梦》）

注：①前文情节：宝钗之兄薛蟠带着美食来请宝玉吃。②前文情节：林黛玉因为贾宝玉对自己说了《西厢记》中的曲词，曾说要去告诉宝玉之父贾政。

文本二：从叙事的角度说，《红楼梦》特别令人赞叹的是其中真实而丰满的细节描写。因为中国古代小说从魏晋小说的"粗陈梗概"，到宋元说书的矜奇尚异，细节描写往往失之简陋、夸张，而《红楼梦》则不然，它完全是以丰富的生活细节构成小说故事的主体。这些"家庭琐事，闺阁闲情"不但真实可信，而且内涵深刻，具有以小见大的艺术容量，充分显示了曹雪芹对现实生活敏锐的观察力和表现力。比如贾宝玉在姐妹们都在场时向林黛玉使个眼色，林黛玉马上就能会意，表现了他们两人不同一般的默契（42回）；因是小老婆所生而倍感委屈的探春，洗一次脸也很讲礼数，其实是要摆小姐的谱以显示自己的身份（55回）。当我们读到这些既琐碎，又显然经过了艺术加工的细节时，一种在日常生活中领悟人生真谛的阅读快感便油然而生。

更值得称道的是，《红楼梦》没有停留在琐屑的生活细节的描写中，而是深入挖掘了日常生活中的诗意，使整部作品始终洋溢着充沛的抒情性。这种抒情性不仅表现在它对我国古代小说传统的韵散结合手法的娴熟运用上，更表现在它对传统诗学理想的汲取。用脂评的话说，就是"此书之妙皆从诗词句中泛出者"。曹雪芹创造性地吸收和运用了中国古代诗歌、绘画等艺术手法，使小说充满了诗情画意。这既表现在宝黛共读《西厢》、黛玉葬花、宝钗扑蝶等众多优美场景的构思中，也表现在人物形象的塑造上。例如林黛玉纤弱清丽的倩影、幽怨含情的眉眼、哀婉缠绵的低泣，以及她所住的那个静谧高雅的潇湘馆，使她在群芳云集的大观园中，独具一种"风流态度"。

（节选自《〈红楼梦〉名著导读》）

6.下列对文本一相关内容和艺术特色的分析鉴赏，不正确的一项是（3分）（ ）

A.袭人惦记宝玉去见贾政，黛玉"心中也替他忧虑"，从中可以看出她们与宝玉的密切关系，也可以看出宝玉的所作所为并不合乎贾政的要求。

B.宝钗到宝玉处说话的情节，至少有三层作用：照应前文的情节，引出黛玉在门外哭泣的情节，表现宝钗炫耀家庭、想和宝玉加深关系的心理。

C.文中写柳枝花朵上的宿鸟栖鸦听到黛玉哭声飞起远离的情景，运用了拟人的修辞手法，以鸟不忍再听突出了黛玉哭声之悲，衬托了黛玉之美。

D.倚床栏杆、手抱膝、眼含泪等描述，以及"好似木雕泥塑"的比喻，把黛玉描绘得生动形象，如在目前，既有诗歌的意境，也有绘画的美感。

7.下列与文本有关的说法，正确的一项是（3分）（ ）

A.晴雯，是宝玉房里的四个大丫鬟之一，她在宝钗来到宝玉处之后，不敢把怒气撒向宝钗，却撒向了黛玉，很自然地促进了情节发展。

B."颦儿才貌世应稀"等四句诗，是对黛玉去寻宝玉不果而哭泣并惊走鸟儿一事的概括，

它充分体现了《红楼梦》的浓郁的诗意。

    C. 魏晋小说总是"粗陈梗概"，缺少细节描写，宋元说书虽有细节描写却简陋、夸张，而且矜奇尚异，它们与《红楼梦》形成了鲜明对比。

    D.《西厢》即元代戏曲家王实甫的《崔莺莺待月西厢记》，宝玉曾以其中的曲词调笑黛玉，受到了黛玉斥责，因而对其有所怠慢。

8. 请简要概括黛玉独立墙角边花阴之下悲戚鸣咽的原因。（4分）

答：_____

_____

9. 请依据文本二，简要分析文本一细节描写的主要特点有哪些。（6分）

答：_____

二、古代诗文阅读（35分）

（一）文言文阅读（本题共5小题，20分）

阅读下面的文言文，完成10～14题。

    孙登字子高，权长子也。魏黄初二年，以权为吴王，拜登东中郎将，封万户侯，登辞疾不受。是岁，立登为太子，选置师傅，铨简秀士，以为宾友，于是诸葛恪、张休、顾谭、陈表等以选入，侍讲诗书，出从骑射。登接待寮属，略用布衣之礼，与恪或同舆而载，或共帐而寐。黄龙元年，权称尊号，立为皇太子。以恪为左辅，休右弼，谭为辅正，表为翼正都尉，是为四友，而谢景、范慎、习玄、羊慎等皆为宾客，于是东宫号为多士。

    登或射猎，当由径道，常远避良田，不践苗稼，至所顿息，又择空闲之地，其不欲烦民如此。尝乘马出有弹丸过左右求之有一人操弹佩丸咸以为是辞对不服从者欲捶之登不听使求过丸比之非类乃见释。又失盛水金马盂，觉得，乃左右所为，不忍致罚，呼责数之，长遣归家，敕亲近勿言。

    初，登所生庶贱，徐夫人少有母养之恩，后徐氏以妒废，处吴，而步夫人最宠。步氏有赐，登不敢辞，拜受而已。徐氏使至，所赐衣服，必沐浴服之。登将拜太子，辞曰："本立而道生，欲立太子，宜先立后。"权曰："卿母安在？"对曰："在吴。"权默然。

    年三十三卒。临终，上疏曰："窃闻郡县民物凋弊，奸乱萌生，是以法令繁滋，刑辟重切。臣闻为政听民，律令与时推移，诚宜令将相大臣详择时宜，博采众议，宽刑轻赋，均息力役，以顺民望。陆逊忠勤于时，出身忧国，客寄在公，有匪躬之节。诸葛瑾、步骘忠于为国，通达治体。可令陈上便宜，蠲除苛烦，爱养士马，抚循百姓。五年之外，十年之内，远者归复，近者尽力，兵不血刃，而大事可定也。愿陛下留意听采，臣虽死之日，犹生之年也。"既绝而后书闻，权益以摧感，言则陨涕。谥登曰宣太子。

（节选自《三国志·孙登传》）

10. 下列对文中画波浪线部分的断句，正确的一项是（3分）   （   ）

    A. 尝乘马出 / 有弹丸过左右 / 求之 / 有一人操弹佩丸 / 咸以为是 / 辞对不服 / 从者欲捶之 / 登不听 / 使求 / 过丸比之 / 非类 / 乃见释

    B. 尝乘马出 / 有弹丸过 / 左右求之 / 有一人操弹佩丸 / 咸以为是 / 辞对不服 / 从者欲捶之 / 登不听 / 使求过丸 / 比之非类 / 乃见释

    C. 尝乘马出 / 有弹丸过左右求之 / 有一人操弹佩丸 / 咸以为是 / 辞对 / 不服从者 / 欲捶之 / 登不听 / 使求过丸比之 / 非类 / 乃见释

    D. 尝乘马出 / 有弹丸过左右 / 求之 / 有一人操弹似丸 / 咸以为是 / 辞对 / 不服从者 / 欲

捶之 / 登不听 / 使求过丸 / 比之非类 / 乃见释

11. 下列对文中加点词语的相关内容的解说，不正确的一项是（3分）   （   ）

    A. "侯"是古代的一种爵位，古代通常有五种爵位，依次为公、侯、伯、子、男。"万户侯"，指食邑万户以上，后泛指高爵显位，如"粪土当年万户侯"。

    B. "黄龙"，是东吴君主孙权的年号。因封建王朝都是一个皇帝一个年号，所以也常常用年号来称呼皇帝，如"崇祯"皇帝，"康熙"皇帝。

    C. "疏"，又称奏议，是封建社会臣僚向帝王进言使用文书的统称。臣僚上"疏"可以报告工作、议礼论学、陈政要、言兵事进谏等，如《谏太宗十思疏》。

    D. "谥"，古代君主诸侯、大臣以及一些著名文士等去世后，根据他们生前行迹，给予褒贬善恶的称号；"谥"分为官谥和私谥，如陶渊明即私谥"靖节"。

12. 下列对原文有关内容的概括和分析，不正确的一项是（3分）   （   ）

    A. 孙登平易近人，身边人才济济。身为太子的孙登用平民的礼节对待下属幕僚，曾与他们同乘一车，同睡一床；被立为皇太子后，身边的人才更多。

    B. 孙登关心百姓利益，从不扰民。他外出打猎，经常远远避开百姓良田，以免踩踏庄稼；休息时找空闲的地方，以免烦扰百姓。

    C. 孙登孝顺养母，有感恩之心。徐氏对孙登有养育之恩，虽遭废，但徐氏派人送来的衣服，孙登必定沐浴后才穿上。父亲要立他为太子，他则坚决要求先立养母为皇后。

    D. 孙登关心国事，忧国忧民。他临终上疏颇有见地，提出国家的政令应与时俱进，博采众议；认为应该宽缓刑法，免除赋税和劳役，顺应民心。

13. 把文中画横线的句子翻译成现代汉语。（8分）

    （1）窃闻郡县民物凋弊，奸乱萌生，是以法令繁滋，刑辟重切。（4分）

译文：_____

_____

    （2）既绝而后书闻，权益以摧感，言则陨涕。（4分）

译文：_____

14. 孙登宅心仁厚，宽以待人，请从文中找出一例说明。（3分）

答：_____

（二）古代诗歌阅读（本题共2小题，9分）

阅读下面这首词，完成15～16题。

临江仙·柳絮

薛宝钗

    白玉堂前春解舞，东风卷得均匀。蜂围蝶阵乱纷纷。几曾随逝水？岂必委芳尘？

    万缕千丝终不改，任他随聚随分。韶华休笑本无根。好风凭借力，送我上青云。

15. 下列对这首词的理解和赏析，不正确的一项是（3分）   （   ）

    A. 这是《红楼梦》中薛宝钗所作的一首柳絮词，该词因不落俗套被众人推选为独占鳌头的作品。

    B. 上片"几曾"、"岂必"的反问句式，化消极为积极。同时，为下片抒写柳絮的心愿做了铺垫。

    C. 词的最后两句，直接抒写了柳絮凭借东风扶摇直上的远大志向，使整首词的主题得到了升华。

    D. 这首词表面上写的是柳絮，实际上则是薛宝钗这位开朗豪放的封建"淑女"自我个性的写照。

16.《红楼梦》中写到，湘云先笑道："好一个'东风卷得均匀'！这一句就出人之上了。"你是否赞同史湘云的看法，请简述理由。（6分）

答：＿＿＿＿＿＿＿＿＿＿＿＿＿＿＿＿＿＿＿＿＿＿＿＿＿＿＿＿＿＿＿＿

（三）名篇名句默写（本题共1小题6分）

17. 补写出下列句子中的空缺部分。

    （1）《红楼梦》中有诗云：质本洁来还洁去，强于污淖陷渠沟。《爱莲说》中表意与之相近的文句是"＿＿＿＿＿，＿＿＿＿＿"。

    （2）有词《西江月》，批《红楼梦》中贾宝玉恰极，中以"＿＿＿＿＿，＿＿＿＿＿"直截了当地说了他行为与众不同，自树一"格"。

    （3）项羽破秦入关，三分关中之地，以秦降将章邯为雍王、司马欣为塞王、董翳为翟王，合称"三秦"。从此"三秦"作为一个地理名词，频繁在古诗词中出现，如"＿＿＿＿＿，＿＿＿＿＿"。

三、语言文字运用（20分）

（一）语言文字运用Ⅰ（本题共3小题，9分）

    阅读下面的文字，完成18～20题。

    回目作为中国古典小说的成熟格式，不是雕虫小技，而是＿＿＿＿＿。我们常说一百二十回的《三国演义》，一百回的《西游记》，一百二十回的《红楼梦》.....所谓"回"就是"回目"，又称章回题目，是章回小说的典型特征。在章回小说由民间说书艺术雅化为文人案头之作的过程中，回目形式由单句发展为偶句，字数也由＿＿＿＿＿而逐步定型为七八言，①＿＿＿＿＿，而且也便于追求文字和音韵上的形式美。

    明清两代是中国古代小说发展的高峰期。作为杰出代表的四大名著是典型的章回体小说，每一回的标题都是一副词句工整、前后相衡的对联。应用对联这一中国独特的语言艺术形式到章回小说的四目，是明代小说家的一大创建。因为就大多数回目而言，句子可长可短，结尾可平可仄，句式灵活多变，与诗的形式并不相同，反而与对联更为＿＿＿＿＿。在章回小说的每一回之前，②＿＿＿＿＿，让读者看了此联就知道这回所要讲述的内容；＿＿＿＿＿统观阅读小说回目，还可以从中了解整部小说的叙述脉络。

18. 依次填入文中横线上的词语，全都恰当的一项是（3分）   （ ）

    A. 一枝独秀 错落有致 吻合 如果   B. 一枝独秀 参差不齐 契合 不但

    C. 独树一帜 错落有致 吻合 不但   D. 独树一帜 参差不齐 契合 如果

19. 文中画横线的句子有语病，下列修改最恰当的一项是（3分）   （ ）

    A. 应用对联这一中国独特的语言艺术形式到章回小说的回目中，是明代小说家的一大创建。

    B. 应用对联这一中国独特的语言艺术形式到章回小说的回目中，是明代小说家的一大创举。

    C. 将对联这一中国独特的语言艺术形式应用到章回小说的回目中，是明代小说家的一大创举。

    D. 将对联这一中国独特的语言艺术形式应用到章回小说的回目中，是明代小说家的一大创建。

20. 请在文中①②处补写恰当的语句，使整段文字语意完整连贯，内容贴切，逻辑严密，

每处不超过15个字。（3分）

答：＿＿＿＿＿＿＿＿＿＿＿＿＿＿＿＿＿＿＿＿＿＿＿＿＿＿＿＿＿＿＿＿

（二）语言文字运用Ⅱ（本题共2小题，11分）

    阅读下面的文字，完成21～22题。

    甄士隐与贾雨村是作为"对立幻象"存在于《红楼梦》全书的叙事之中的。甄士隐是人世间与太虚幻境的连接点，①＿＿＿＿＿，他们两人又生活在同一个时代，印证了太虚幻境与贾府是虚实相映的。看似虚幻莫测，②＿＿＿＿＿，给读者带来了强烈的真实感与情感体验。而作为"对立"呈现的形象，③＿＿＿＿＿，一种是以甄士隐为代表的超然出世的人物，一种是以贾雨村为代表的热衷名利的人物。后者在前者的眼里是虚无，前者在后者的眼里是疯癫，二人最后在觉迷渡口相遇，如同开头在葫芦庙比邻而居的情况一般。二人所经历过的世间纷扰就像是南柯一梦，梦醒之后的再次相遇则暗示着一切都仿佛回到了原点：甄士隐已悟道成仙，冷眼旁观世间百态；贾雨村却因贪赃枉法，终被削籍为民。这时已然超脱的甄士隐以"老仙长"的身份出现，并作为精神导师来对贾雨村进行点化，体悟人生真谛，从而使得二者又在对立中回归于统一。

21. 在上文横线处补写恰当的语句，使整段文字语意完整连贯，内容贴切.逻辑严密。每处不超过20个字。（6分）

答：＿＿＿＿＿＿＿＿＿＿＿＿＿＿＿＿＿＿＿＿＿＿＿＿＿＿＿＿＿＿＿＿

＿＿＿＿＿＿＿＿＿＿＿＿＿＿＿＿＿＿＿＿＿＿＿＿＿＿＿＿＿＿＿＿

22. 下图是根据上文第二段制作的内容结构图，请将空白处补充完整，每处不超过7个字。（5分）

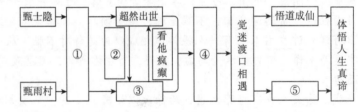

答：＿＿＿＿＿＿＿＿＿＿＿＿＿＿＿＿＿＿＿＿＿＿＿＿＿＿＿＿＿＿＿＿

四、写作（60分）

23. 阅读下面的文字，根据要求写一篇作文。

    《红楼梦》中有四百多人物，光是生动而著名的就不下百余。其中一些思想性格身份地位类似的人，在曹雪芹的笔下，却能各人各面，千姿百态。作者异常分明地描绘出他们之间的差异。甚至在场合相仿、谈吐相近、神情相同的情况下，也能把各自的个性区分出来，使神态相似而不雷同，言语相近而不重复。这种强烈的艺术效果的形式，不能不说是因为作者在塑造这些形象时，常常采取一种特殊的复杂的对比手法的结果。这个对比手法，是成功地塑造人物形象的一个"诀窍"。脂砚斋在评《红楼梦》时，称这种手法为"特犯不犯"。金圣叹叫作"犯中求避"。犯，是有意把两个人物的某一点写成相同、重复；同时，又避，即在同中求异，在重复中求不重复。古今中外，天地万物，无不处于矛盾之中，无不相比较而存在。在艺术中采取同中求异的艺术手法，正是刻画人物性格的一个最根本的方法。《红楼梦》在刻画人物性格上成功地运用了这种同中求异的艺术手法，值得我们好好揣摩，努力借鉴。

    请你在《红楼梦》人物中选择一对或两对人物进行分析，谈谈"犯中求避"艺术手法的妙处。不少于600字。

高考语文仿真模拟试题（一）

1. C　解析：材料一，"读者的阅读过程是个简单的接受过程，而这个接受过程又是个主动过程，读者不仅调动自己的视、听器官进行感性的直观活动，而且调动整个心灵去探求与把握作品的内在精神、深邃意蕴，并结合自身对作品进行品读"，阅读过程包含两个方面"不……而……"，选项只强调了一点。

2. D　解析：A.原文的表达是"许多人认识不清，是因为《红楼梦》的许多思想内容都是含蓄表达的"，选项中"所有思想内容"过于绝对。B.原文的表达是"诱导读者去体味出来的意蕴要比作者直接用文字表达出来的意思更丰富、有效得多"，从这句话可知，"作者直接用文字表达则没有这种效果"是错误的。C.原文的表达是"西方的古典、现代、后现代文论固然可以引为借鉴，如王国维借叔本华的理论来抒发自己读《红楼梦》的审美感受，颇能启人，但终究还是给人附会之感"，从文句中可以看出，作者并非"肯定了这种借鉴"。

3. A　解析：A.是含蓄风格形成的原因之一，强调了时代因素。B项、C项、D项分别对应含蓄风格三点表现（材料一第二自然段）：内容、细节、手法。

4. ①首先，作者阐述《红楼梦》含蓄风格形成的两个原因：时代和作家的身世经历，传统文化的哺育。②接着，作者阐述了《红楼梦》含蓄风格的三种具体表现：内容上，含义深隐，意在言外；细节上，暗示情节，充满蕴意；手法上，手法含蓄，寄托形象。③最后，作者指出了《红楼梦》含蓄风格所带来的艺术效果。

5. ①《红楼梦》是一部具有强烈真实性的作品，弄清写作的时代背景以及作家身世经历，可以知人论世。②今人弄清曹雪芹所处时代的真实背景，搜集资料，细致研究，还原历史真面目，对研究《红楼梦》的文本至关重要。③弄清曹雪芹写《红楼梦》的时代背景，有助于读懂小说中文本字句的深刻内涵。

6. B　解析：B."表现出她对宝黛亲密关系的不以为意"错。由原文"宝钗便站住低头想了想……此刻自己也跟了进去，一则宝玉不便，二则黛玉嫌疑"可知，宝钗是怕引起宝玉和黛玉的不便和猜疑才抽身回来，这是一种主动的退让，体现她城府深，不是对宝黛关系不以为意。

7. A　解析：A."营造出庄重肃穆的节日气氛，寄寓着众女子对春光即逝的伤感"错。由原文"满园里绣带飘飘，花枝招展，更兼这些人打扮得桃羞柳让，燕妒莺惭"可知，营造的是盛大而唯美的氛围，是女孩子庆祝的热闹而喜庆的节日。

8. ①展现出宝钗性格中青春活泼、天真烂漫的一面，丰富了人物形象；②因追蝶而来到滴翠亭，得以听到红玉和坠儿谈话，推动了情节发展；③交代了滴翠亭的位置特点，为下文宝钗设计脱身作了铺垫。

9. ①宝钗本就是为寻黛玉而来，无可藏躲之时，第一时间想到黛玉，是宝钗客观真实的本能反应；②黛玉并未与众姐妹在一起，此时此刻出现在这里是合乎情理的；③黛玉素来行事谨慎，不喜张扬，身处此地不声不响，不会有人质疑；④黛玉身份高贵且嘴不饶人，不会有人与之当面对质而暴露真相；⑤这是宝钗嫉妒黛玉与宝玉的亲密关系而做出的下意识反应，是可以理解的。

10. C　解析："少"做"有"的时间状语，中间不能断开，排除B.D；"中夜"是"闻鸡鸣"的时间状语，不能和"同寝"连在一起；排除A、B；"琨"是"蹴"的宾语，"觉"补充"蹴"的状态，紧密相连，中间不能断开，排除B.D。

11. C　解析："文中是指部队的编制单位"错。从原文来看，"逖将其部曲百余家渡"，这里的"部曲"是指祖逖的私家军队。

12. A　解析："仍然尽力支持"错。原文是"睿素无北伐之志，以逖为奋威将军、豫州刺史，给千人廪，布三千匹，不给铠仗，使自召募"，只给了一千人的粮食、三千匹布，连军队都没给，让祖逖自己招募，算不上"尽力支持"。

13. （1）祖逖没有答复这封信，却听凭双方民间互相贸易，收取十倍的利润。
　　（2）祖逖知道大功不能告成，情绪激动引发重病。

14. ①祖逖多次拦击后赵军队取胜，使得后赵疆土缩小，后赵王石勒不得不向祖逖示好，要求通使及互市；②祖逖没有阻止民间互相贸易，并约束士兵不要侵犯后赵百姓利益，使得两国边境稍微得以休养生息。

[参考译文]

从前，范阳有一个叫祖逖的人，年轻时就有大志向，曾与刘琨一起担任司州的主簿，与刘琨同寝，夜半时听到鸡鸣，他就踢醒刘琨，说："这不是令人厌恶的声音。"就起床舞剑。渡江以后，左丞相司马睿让他担任军谘祭酒。祖逖住在京口，聚集起骁勇强健的壮士，对司马睿说："晋朝的变乱，不是因为君主无道而招致臣下怨恨叛乱，是由于皇室宗室之间争夺权力，自相残杀，这样就使外族人钻了空子，祸害遍及中原。现在晋朝的遗民遭到摧残伤害，大家都想着自强奋发，大王您如果能够派遣将领率兵出师，使像我这样的人统领军队来光复中原，各地的英雄豪杰，一定会有闻风响应的人！"司马睿一向没有北伐的志向，他听了祖逖的话以后，就任命祖逖为奋威将军、豫州刺史，拨给他一千人的口粮、三千匹布，不供给兵器，让祖逖自己想办法招募士兵。祖逖带领自己私家的军队共一百多户人家渡过长江，在江中敲打着船桨说："我如果不能使中原清明，光复天下，就像大江一样有去无回！"于是到淮阴驻扎，建造熔炉冶炼浇铸兵器，又招募了二千多人，然后继续前进。祖逖已经进入谯城，石勒派遣石虎包围了谯城，桓宣来解救祖逖，石虎解围而去。晋王传发檄文昭告天下，称："石虎胆敢率领乌合之众，渡过黄河荼毒民众，现派遣九军、精锐士卒三万，由水、陆四路直赴贼寇所在地，受祖逖指挥。"大兴三年，祖逖镇守雍丘，多次派遣兵士拦击后赵军队，后赵镇守的将士归附祖逖的很多，后赵疆土日益缩小。这一年秋天七月，皇帝下诏加封祖逖镇西将军，祖逖在军中，与将士同甘共苦，严于律己，广施恩惠，勉励督促农业生产，安抚接纳新来归附的人，不论贵贱都加以礼待。祖逖积聚粮食训练军队，为夺取黄河以北地区做打算。后赵王石勒很担心这件事，于是到幽州为祖逖修了祖父、父亲的坟墓，安排了两户人家替他们看守祖坟，于是给祖逖写了一封信，请求通使及互相贸易。祖逖没有答复这封信，却听凭双方民间互相贸易，获取了十倍的利润。禁止将领们的行为，不使他们侵犯后赵的百姓。两国边境之间，稍微得以休养生息。四年秋七月，朝廷让尚书仆射戴渊担任征西将军，镇守合肥，祖逖已经扫除了障碍，收复了黄河以南的土地，而戴渊却一下子来统领这里，祖逖内心快快不乐，又听说王敦与刘刁互相结怨，将要有内乱。祖逖知道大功不能告成，情绪激动引发重病。九月，死在雍丘。豫州的男女百姓都像失去了自己的亲生父母，谯国、梁国之间都为祖逖建立祠堂。祖逖去世后，后赵多次侵犯黄河以南地区，攻取了襄城、城父，包围了谯城。豫州刺史祖约不能抵抗，退守寿春。后赵于是攻取陈留，梁、郑之间又骚乱不安了。

15. B　解析：本题考查鉴赏诗歌的形象、语言和思想感情的能力。解答时，首先要读懂诗歌的内容和思想情感。B项，"《红楼梦》给世人消愁解闷"有误，作者把自己的一生的经历加以艺术的概括和提炼。作品看似荒唐，却是一个葬送旧时代的悲剧故事。

16. ①内容情感方面的相同之处：我们从林黛玉的诗中听到了曹雪芹的心声，这两首诗是二者之间激起的回响和共鸣，都表达了诗人一怀情愫不被人理解的苦闷。
　　②表现手法方面的不同之处：《满纸荒唐言》出现在小说第一回，曹雪芹直接抒情，开篇明义，

概述整部小说的大意。结语是一个反问句，表明了此书谁能读懂的感叹。《咏菊》是林黛玉咏物抒情，借菊的品质抒自己清高孤傲、目无下尘的情怀。

17.（1）好风凭借力 送我上青云（2）覆压三百余里 隔离天日（3）一双丹凤三角眼 丹唇未启笑先闻

18.C 解析：第一处，魄力：指处置事情所具有的胆识和果断的作风。魅力：很能吸引人的力量。语句中指《红楼梦》具有巨大的吸引人的力量，选用"魅力"；第二处，着力：使力气；用力。致力：着重：把重点放在某方面；强调。根据语境，两个词均可使用；第三处，穷途末路：形容无路可走。穷形尽相：原指描写刻画十分细致生动，现在也用来指丑态毕露。语段中用于形容对考证派的研究走到了尽头，选用"穷途末路"；第四处，不一而足：不止一种或一次，而是很多。不计其数：无法计算数目，形容极多。语境用于写出现的曹雪芹的遗物种类繁多，选用"不一而足"。

19.B 解析：第二段主要讲红学进入辉煌时期的情况。括号前先说"诸多杰出学者不断涌现"和括号后"如戴不凡……脂后程前的观点"可知，应先说研究红学的人越来越多，再说争鸣的范围越来越大，排除D项。比较A、B、C三项可知，B项表述更简洁连贯，与括号前后内容衔接更紧密，排除A、C两项。

20.C 解析：画线句存在两处语病：一是主客体颠倒，改为"文本研究经过红学界的大力提倡"；二是搭配不当，"经历了很大进展"可改为"有了很大进展"。A、D两项没有改正第一处病，B项没有改正第二处语病。故选C。

21.①是经验的结晶；②帮助你了解人生；③是一部挖掘不尽的书。

22.①《红楼梦》在中国文化史中地位突出，作用巨大；②《红楼梦》代表着汉语言文化的最高成就；③《红楼梦》可以帮助我们积累经验，体验人生；④《红楼梦》的内容丰富，可以与时俱进。

23.[写作提示]

解读材料：这是多则材料作文，材料一是一个引子，引导我们通过品评《红楼梦》人物，进而思考自己，提升个人素养。材料二列举大量《红楼梦》中的人物形象，给出简单评价，引入联系和思考。两则材料都指向对《红楼梦》人物的品评与思考。

《红楼梦》人物众多，我们对某一人物形象可以有不同角度的解读。

（1）可以选择其中一个自己最熟悉的人物来写。找准这个人物的性格特点，抓住与这个人物有关的主要情节，阐释自己对这个人物的看法。

（2）可以选择两个相关联的人物来写，对比写出两个人物的优点和不足。比如写林黛玉和薛宝钗。林黛玉生性孤傲，蔑视功名权贵；薛宝钗举止娴雅，热衷于"仕途经济"。这就是一组鲜明的对比，在文章中可以体现。

（3）可以就人物的某一点进行分析，写成人物评论、文艺评论、随笔、杂感、读后感等。如写薛宝钗，可以用"冷眼看'雪'"这样的文题；写林黛玉，可以用"高洁的白海棠"；写贾宝玉可以用"男儿本当是须眉"等等。

（4）可以从人物思想、品质、性格的某一点生发开去，进而展开联想，再联系实际，论述其现实意义。例如，"爱流泪的有泪流"（写林黛玉），"利欲是双刃剑"（写王熙凤），"美在豁达"（写史湘云）。

具体写作时，可从以下角度立意：①做一个张扬个性，有叛逆精神的新人；②质本洁来还洁去；活得卑微却不卑贱。

高考语文仿真模拟试题（二）

1.B 解析："红楼女子的美是在不同程度上以不同方式展示着的任情之美与中和之美"错误，原文材料一第四段为"有些女子，在不同程度上以不同方式展示着任情之美，而另一些女子则在不同程度上展示着中和之美"，是"有些女子"和"另一些女子"，选项范围扩大。

2.A 解析：原文材料二第二段"这样就形成内热外冷的分裂，变得十分世故"，这种解释不是胡菊人先生的，最后"我倒很欣赏胡菊人先生的另一种见解。他的立场有所不同，对宝钗有一种理解之同情"，认为薛宝钗是大悲剧人物的内容在第三段。

3.C 解析："目的是安慰人，而不是讨好人"错误，原文材料三第三段"除了表现其惊人的无情外，确实有讨好巴结之嫌，但也仅仅是嫌疑而已"。

4.①全文采用总分总结构：开头提出观点，主体部分采用并列结构进行论证，最后总结全文。②主体部分运用例证法，论证了"有待商榷"这一观点，进而证明曹雪芹塑造宝钗这一形象的特点与成功。③主体两段都运用让步思维和转折思维来论证论点，先承认对方观点有道理，再转而阐述观点的不合理性，以退为进，说理严密。④文章论证时有破有立，既批驳了"指责宝钗奸"这一不合理的观点，又树立起"宝钗性格是复杂的""作者塑造宝钗的成功性"的观点。

5.①从创作原则看，《红楼梦》是要塑造"真的人物"，人物形象不再单一、单薄。②从读者角度看，读者选取的立场及对人物的评价是否先人为主，都会影响对宝钗的评价。③从写作手法看，《红楼梦》运用了严重缺点、微妙处境和几处嫌疑的模糊手法，使宝钗形象复杂化。

6.B 解析："引出黛玉在门外哭泣的情节"错。虽然宝钗与宝玉的闲谈是黛玉哭泣的一个原因，但宝钗到宝玉处闲谈，不是推动黛玉来到宝玉门外这一情节的因素。

7.B 解析：A."却撒向了黛玉"错，晴雯不为黛玉开门，是因为没有听出是黛玉，并非把气撒向黛玉。C."总是'粗陈梗概'，缺少细节描写"错，魏晋小说不见得"总是"，此意绝对化，另外，魏晋小说是有细节描写的。D."受到了黛玉斥责，因而对其有所急慢"错，从小说看，黛玉并未斥责宝玉，宝玉也并未急慢黛玉。

8.①晴雯不肯开门。②自感寄人篱下，受人慢待。③听到宝玉、宝钗说笑，更感孤寂，心生嫉妒。④认为宝玉恼了自己，不理解自己。

9.①丰富的生活细节构成了小说的主要内容。袭人与宝玉的对话、宝钗前来闲谈、黛玉寻宝玉、晴雯因为怄气不开门等，都是生活细节，它们构成了故事情节。②真实而丰满。文本一中的细节源自生活，真实自然，能引起读者的共鸣，而且写得特别细，让人如临其境。③内涵深刻，能够凸显人物个性。如黛玉扣不开而哭的细节，就凸显了她忧郁哀婉的个性。

10.B 解析："左右求之"为主谓宾结构，结构完整，联系紧密，且前后应断开，排除A、C、D。

11.B 解析："一个皇帝一个年号"错，历代帝王遇到"天降祥瑞"或内讧外忧等大事、要事，一般都要更改年号。一个皇帝所用年号少则一个，多则十几个。

12.D 解析："免除赋税和劳役"错，原文"宽刑轻赋，均尽力役"意为"宽缓刑法，减轻赋税，适当地取消一些劳役"。

13.（1）我私下听说下面郡县有不少地方荒芜残败，百姓生活物品匮乏，非常困苦，奸邪祸乱萌生，因此法令频繁增加，刑法更加苛刻。（2）在他死了之后，奏章才呈报上去，孙权越发悲伤感慨，说起来就流眼泪。

14.（示例一）一个弹丸从孙登身边飞过，手下找到一个拿弹弓之人，并欲惩罚这个人，孙登及时制止，问明情况后释放了这个人。

（示例二）孙登身边的人偷了他的盛水金马盂，孙登不忍心处罚他，责备几句便打发他回家了，并且告诫其他手下不再提此事。

[参考译文]

孙登，字子高，是孙权的长子。魏国黄初二年，任命孙权为吴王，同时任命孙登为东中郎将，封为万户侯，孙登以有病为由推辞侯爵，没有接受。这一年，立孙登为太子，给他选置师傅，精选了一些优秀的人才，作为他的宾客朋友，于是诸葛恪、张休、顾谭、陈表等人被选入东官，他们陪着孙登研读诗书，外出就跟着骑马射猎。孙登接待他的官属，只是简单地使用平民的礼节，和诸葛恪、张休、顾谭等人有时同车而行，有时共床而卧。黄龙元年，孙权称帝，立孙登为皇太子。任命诸葛恪为左辅，张休为右弼，顾谭为辅正，陈表为翼正都尉，这就是所谓的四友，而谢景、范慎、习玄等人都是太子的宾客，因此，东官号称人才济济。

孙登有时外出打猎，本来应当走便道，而他经常远远地避开良田，不去践踏庄稼，到了止息的处所，又选择空闲的地方，他就是这样不想烦扰百姓。他曾经骑马外出，有一颗弹丸从他身边飞过，手下的人便去寻找射弹丸的人。有个人拿着弹弓，身上带有弹丸，大家都认为是他干的。审讯他，他却不承认，手下的人想揍他，孙登不允许，派人找到飞过的弹丸，和那人身上的弹丸比较一下，不一样，就把那人释放了。还有一次，孙登丢失了盛水金马盂，查出盗窃的人，是身边的人干的，孙登不忍心给他处罚，就把他叫来责备数落一通，打发他永远回家，并告诫身边的人不再提这件事。

起初，孙登的生母地位低贱，徐夫人对孙登从小有养育之恩，后来徐夫人因为妒忌被废黜，住在吴郡，而步夫人最受宠。步夫人有赏赐，孙登不敢推辞，只是恭敬地接受而已。徐夫人派人来，凡赐给他的衣服，他必定沐浴之后才穿上。孙登将被册立为太子，他推辞说："本原确立，道义才能产生，要立太子，应当先立王后。"孙权问："你的母亲在哪儿？"孙登回答说："在吴郡。"孙权听了，沉默不语。

他三十三岁去世。临终前，他上书说："我私下听说下面郡县有不少地方荒芜残败，百姓生活物品匮乏，非常困苦，奸邪祸乱萌生，因此法令频繁增加，刑法更加苛刻。我听说治理政事要顺从民意，法律政令要根据时代的变化而变化，眼下确实有必要将相大臣们仔细地选择合乎时宜的政策，广泛采纳众人的意见，宽缓刑法，减轻赋税，适当地取消一些劳役，以顺应百姓的愿望。陆逊对时政忠诚勤勉，献身忧国，尽心为公，有不谋私利的气节。诸葛瑾、步骘为国尽忠，通晓治国的体制。可以让他们献出有益于国家和百姓的办法，除掉苛刻烦琐的政策，爱护养育兵马，安抚慰藉百姓。五年以后，十年之内，远方的人归顺，近处的人尽力，不用打仗一统天下的大事就可以确定。希望陛下留意听取采纳我的意见，我即使死了，也还像活着的时候一样。"在他死了之后，奏章才呈报上去，孙权越发悲伤感慨，说起来就流眼泪。孙登的谥号被定为宣太子。

15.D　解析："开朗豪放"错误，这与薛宝钗的形象不合。从词中来看，柳絮"随聚随分"的形象是薛宝钗"罕言寡语，人谓装愚，安分随时，自云守拙"的处世态度的展现，所以说这首词表面上写的是柳絮的姿容和心理，实际上则是薛宝钗这位"人情练达世事明"的封建"淑女"自我个性的写照，展现出的应是"聪慧世故"。

16.赞同。理由："卷得均匀"，用拟人的手法，生动地再现了风吹柳絮的情形；"均匀"既表现了春风的徐缓，又表现了柳絮的舞姿柔美，缓急有度；风吹柳絮的情形如轻盈优美的舞姿，流露出一种欢愉融洽的欣喜之情。

17.（1）出淤泥而不染　濯清涟而不妖　（2）行为偏僻性乖张　那管世人诽谤　（3）城阙辅三秦，风烟望五津

18.D　解析：第一组，一枝独秀：形容在同类事物中最为突出，最为优秀。独树一帜：单独树立起一面旗帜，指自成一家。语境是回目作为中国古典小说的成熟格式自成一家，故选"独树

一帜"。第二组，参差不齐：指长短、高低、大小不齐。错落有致：布局交错纷杂，但极有情趣。此处指字数由多少不齐而逐步定型为七八言，故选"参差不齐"。第三组，契合：符合。吻合：完全符合。根据语境"反而与对联更为"，填入"契合"。第四组，不但：表递进关系。如果：是假设关系。根据语境"统观阅读小说回目"，填入"如果"故选D。

19.C　解析：A项，"应用对联这一中国独特的语言艺术形式到章回小说的回目中，是明代小说家的一大创建"错误，"应用对联这一中国独特的语言艺术形式到章回小说的回目中"结构杂糅，"是明代小说家的一大创建"搭配不当；B项，"应用对联这一中国独特的语言艺术形式到章回小说的回目中"错误，结构杂糅；D项，"是明代小说家的一大创建"错误，"是……创建"搭配不当。故选C。

20.①不但易于较完整地概括每回内容②均有一副标明篇章内容的对联

解析：第一处承接"字数也由参差不齐而逐步定型为七八言"，应指出其好处，联系后句"而且也便于追求文字和音韵上的形式美"，应是"不但易于较完整地概括每回内容"；第二处承接"在章回小说的每回之前"，联系后句"让读者看了此联就知道这回所要讲述的内容"，应是"均有一副标明篇章内容的对联"。

21.（示例）①贾雨村是人世间与贾府的交汇处　②实则真实可感　③他们又分别代表了两种不同类型的人物

22.（示例）①葫芦庙比邻而居②看他虚无③热衷名利④经历世间纷扰⑤削籍为民

解析："二人最后在觉迷渡口相遇，如同开头在葫芦庙比邻而居的情况一般。二人所经历过的世间纷扰都像是南柯一梦"一句概述甄士隐与贾雨村的交集和相似处，这一句所述及的人生历程，按时间顺序应为先"葫芦庙比邻而居"，再"经历世间纷扰"，最后"觉迷渡口相遇"，所以①处应填"葫芦庙比邻而居"，④处应填"经历世间纷扰"；从"一种是以甄士隐为代表的超然出世的人物，一种是以贾雨村为代表的热衷名利的人物。后者在前者的眼里是虚无，前者在后者的眼里是疯癫"中可知，甄士隐"超然出世"，③处对应的是贾雨村"热衷名利"；考察结构图中"看他疯癫"一词，再根据文意，可得②处相应地填"看他虚无"；从"甄士隐已悟道成仙，冷眼旁观世间百态；贾雨村却因贪赃枉法，终被削籍为民"一句和结构图中甄士隐"悟道成仙"，可得⑤处相应地填"削籍为民"。

23.[写作提示]

题干要求学生针对《红楼梦》中的人物，谈谈"犯中求避"艺术手法的妙处。材料已经明确表明：其中一些思想性格身份地位类似的人，在曹雪芹的笔下，却能各人各面，千姿百态。作者异常分明地描绘出他们之间的差异。甚至在场合相仿、谈吐相近、神情相同的情况下，也能把各自的个性区分出来，使神态相似而不雷同，言语相近而不重复。这就告诉了学生评价分析的角度。

首先要理解"犯中求避"，由材料可知，犯，是有意把两个人物的某一点写成相同、重复；同时，又避，即在同中求异，在重复中求不重复。学生需在极为熟悉《红楼梦》的前提下，选择好性格、命运既有相同之处，又有不同之处的人物，如晴雯和袭人，鸳鸯与司棋，平儿与袭人，尤二姐与尤三姐，贾宝玉与贾环，贾宝玉与甄宝玉等。

具体写作时，可从以下角度立意：①肆意的晴雯和内敛的袭人；②断情的鸳鸯与殉情的司棋；③善良的平儿与虚伪的袭人；④软弱的尤二姐与刚烈的尤三姐；⑤大度的贾宝玉与偏狭的贾环；⑥任情的贾宝玉与世俗的甄宝玉。

（一）人物名称统计

首先，要统计回目中出现的人物名称，包含直接出现的人物名称和以借代修辞手法出现的人物名称，借代修辞可以通过对照"《红楼梦》前八十回各版本回目"来完成对应。

其次，关注群体和个体。绝大部分回目出现的是个体名称，也有的回目是群体名称，这部分可以通过快速翻阅相关回目完成对应。如第七十七回"俏丫鬟抱屈夭风流　美优伶斩情归水月"，其中"美优伶"指的就是藕官、芳官、蕊官三人。再如第九回"训劣子李贵承申饬　嗔顽童茗烟闹书房"中的"顽童"，第三十七回"秋爽斋偶结海棠社　蘅芜苑夜拟菊花题"中海棠社的成员自然也绝不止一人。

《红楼梦》回目中人物名称统计

回目中出现的人物	出现频次	对应回目
贾宝玉		
林黛玉		
王熙凤		
薛宝钗		
史湘云		
……		

再次，完成列表统计后，纵览在回目中出现频次较高的人物，自然是作品的主要人物无疑，在后续的进一步阅读中要特别关注。再看看回目中出现的对人物的一字定评，《红楼梦》中绝大部分人物是圆形人物，因此在回目中表现性格特征的词语也必定是其核心性格。

（二）一字定评

"一字定评"是曹雪芹擅长使用的人物评价方法，在关键位置用一个字透露出重要的信息，给人物性格一个评价，这在回目中得到了充分的体现。《红楼梦》打破了古典小说原本扁平人物的展现方式，突出了人物性格的多面性，成功塑造了一个又一个圆形人物。我们在初读文本时很容易被人物性格的复杂性所迷惑，不知道哪个才是主要性格，捕捉回目中的"一字定评"就像是把住了人物性格的舵，纵使在红楼海洋中肆意驰骋也不会迷失方向。

原典回目中能够捕捉到的一字定评有如下几人，请依据表格提示找到人物对应的一字定评，并将对应的回目标注在表格中。

《红楼梦》人物一字定评

人物	代称	一字定评	对应回目
袭人		贤	
平儿		俏	
晴雯		勇	
探春		敏	
宝钗		贤	
紫鹃		慧	
薛姨妈		慈	
湘云		憨	
香菱		呆、美	
王熙凤		毒、酸	
薛蟠	霸王	呆	
柳湘莲	冷郎君	冷	
尤二姐	尤娘	苦	
宝玉	痴公子	痴	
迎春	懦小姐	懦	

（三）以情为旨

词频是一种用于情报检索与文本挖掘的常用加权技术，用以评估一个词对于一个文件或者一个语料库中的一个领域文件集的重要程度。将所有回目进行词频统计，看看哪个词出现频次最高，这个词就有可能是曹雪芹在回目中透露出的作品关键词。

"情"字在前八十回回目中的用法灵活多变，新意迭出，依照词性可以分为以下三种情况：

"情"字作状语：大量的"情"字单独在回目联句中作谓语动词前的状语，表达谓语行为发生的原因、背景和感情色彩。如：情悟、情掩、情解、情遗、情赠、情误、情传、情迷等。

"情"字作宾语：在动宾词组中单独作宾语。如：斟情、因情、耻情、调情、斩情等。

"情"字作谓语：在谓语动词的位置担任谓语功能。这种用法在章回小说回目中是非常少见的，可以看作是曹雪芹的独创，同时也是回目体自身的限制，即"戴着镣铐舞蹈"的体现。

阅读任务：

现已将原典中带"情"字的回目整理如下，请依据表格做具体分析，标注词频、用法及词性，着重关注与"情"相关的人物，尝试揣摩"情"字的内涵。

《红楼梦》中带"情"字回目的分析

回次	带"情"字的回目	词频	相关人物	用法及词性
第六回	贾宝玉初试云雨情 刘姥姥一进荣国府			
第十九回	情切切良宵花解语 意绵绵静日玉生香			
第二十六回	蜂腰桥设言传心事 潇湘馆春困发幽情			
第二十八回	蒋玉菡情赠茜香罗 薛宝钗羞笼红麝串			

续表

回次	带"情"字的回目	词频	相关人物	用法与词性
第二十九回	享福人福深还祷福 痴情女情重愈斟情			
第三十二回	诉肺腑心迷活宝玉 含耻辱情烈死金钏			
第三十四回	情中情因情感妹妹 错里错以错劝哥哥			
第三十六回	绣鸳鸯梦兆绛芸轩 识分定情悟梨香院			
第三十九回	村姥姥是信口开河 情哥哥偏寻根究底			
第四十三回	闲取乐偶攒金庆寿 不了情暂撮土为香			
第四十七回	呆霸王调情遭苦打 冷郎君惧祸走他乡			
第四十八回	滥情人情误思游艺 慕雅女雅集苦吟诗			
第五十二回	俏平儿情掩虾须镯 勇晴雯病补雀金裘			
第五十七回	慧紫鹃情辞试莽玉 慈姨妈爱语慰痴颦			
第五十八回	杏子阴假凤泣虚凰 茜纱窗真情揆痴理			
第六十二回	憨湘云醉眠芍药裀 呆香菱情解石榴裙			
第六十四回	幽淑女悲题五美吟 浪荡子情遗九龙佩			
第六十六回	情小妹耻情归地府 冷二郎一冷入空门			
第七十七回	俏丫鬟抱屈夭风流 美优伶斩情归水月			

第一回曹雪芹就借空空道人之口，道出了"情"字的关键，《红楼梦》"大旨谈情"，读懂红楼，必看重一个"情"字。请在以上表格的基础上，整理出回目中与"情"相关的人物，为下文"还原末回警幻情榜及考语"提供帮助。

【古典文论支点——文之英蕤，有秀有隐】

追求含蓄的言外之意是古典文学的传统，探寻空白处的言外之意是读者的乐趣所在。这个传统最早可以追溯到南朝时期，刘勰在《文心雕龙》中对它有了系统清晰的界定，就是其中的"隐秀"论。

《文心雕龙》是南朝文学理论家刘勰创作的一部理论系统、结构严密、论述细致的文学理论专著，以孔子美学思想为基础，兼采道家。刘勰把作家创作个性的形成归结为"才""气""学""习"四个方面。《文心雕龙》是中国有史以来最精密的批评的书，有"体大而虑周"的美誉，全书重点有两个：一个是反对不切实用的浮靡文风，一个是主张实用的文学风格。

《隐秀》篇有云："夫心术之动远矣，文情之变深矣，源奥而派生，根盛而颖峻，是以文之英蕤，有秀有隐。隐也者，文外之重旨者也；秀也者，篇中之独拔者也。隐以复意为工，秀以卓绝为巧，斯乃旧章之懿绩，才情之嘉会也。"①

刘勰认为含不尽之意见于言外，是文学创作较难驾驭的一种写作技巧，也是优秀文学作品的衡量标准，所以《隐秀》篇专门探讨如何表达"文外曲致"。其中的"隐"主要指"篇"，"秀"主要指"句"。但隐秀不可分离，简单来说就是"秀句"是"隐篇"的眼睛和窗户，通过"秀句"打开"隐篇"的内容。而现代修辞学家认为"隐"相当于现代修辞学中的"委婉"，"秀"相当于现代修辞学中的"警策"。阅读过程中通过文本细读捕捉空白处的委婉与警策是研读文本的目的所在，在作者精心雕琢的回目中探寻

---

① 刘勰. 文心雕龙注[M]. 北京:人民文学出版社,1958:632.

隐含的深意。

第二节　通读·细理虚实主线

在细读回目、概览全书的基础上，通过细读虚实脉络，梳理情节主线，借用细读关联，把握整体语境，重构作品的脉络。第一部分"红楼年表及大事记"尝试梳理作品时间线，即《红楼梦》中时明时暗的时间线索，在梳理过程中关注人物年龄增长，性格形成的过程。第二部分"家族人物关系图谱"需要在通读过程中关注家族关系，将人物放在具体的情境中，梳理人物关系，理清家族脉络。第三部分"通灵宝玉前世今生"旨在关注《红楼梦》中的三个神话，感受作品虚实结合的特点。

【细读策略指导——关注整体语境】

文本细读绝不是文本碎读，细读同样需要有整体的把握。上一节通过对回目的"咬文嚼字"，窥见了冰山下的精彩，这一节就要进一步走进文本。本节需要从文本整体着眼，将微观分析和宏观统摄结合。《红楼梦》内容驳杂，结构纵横交错加之草蛇灰线的写法和虚实相生的时空维度，对没有基础的初读者来说确实存在一定难度。为了避免通读时陷入忙乱，从整体把握可以帮助我们更好地着眼于小说的艺术空间，从对艺术的观照来反观小说的思想内涵，把握细节，进而完成文本细读。

整体把握，细理叙事主线可以从以下三个角度考虑：一是时间线索，二是人物关系，三是空间维度。文本细读坚持语素的意义不能突破结构规定的原则，也就是说作为一个批评者，要关注作品的整体结构，而非个别语素。作为读者同样如此，不能抓住一个细节不放而错失对整个故事的把握。由个别语词或意象构成的细节不能脱离对上下文的理解。对于《红楼梦》这样一部内容驳杂、线索交织、内涵丰富的作品来说更是如此，通读环节要关注整体，把细节放在语境中理解，这既是文本细读的宗旨，也是作为初读者接触《红楼梦》的有效方法。因此，从时间线索、人物关系、空间维度入手，进而达到对作品形成相对完整的宏观认知。

一、红楼年表及大事记

《红楼梦》以年月次序叙事，但"真事隐去"的创作缘由以及"批阅十载，增删五次"的创作过程，加之抄录流传过程中的增改，使得我们看到的《红楼梦》具体时间线不太明确。整体来看，《红楼梦》的时间表现形态非常丰富，掺杂了大量的神话时间、宗教时间、梦境时间，加之缺少朝代纪年的四季循环、民俗节庆，以及语焉不详且模糊错乱的人物年龄，共同构成了《红楼梦》多元开放的时间序列。通过梳理时间线索理清叙事主脉，借助大事年表找到时间叙事的内在逻辑。

大事年表就是把以往发生过的较大事件根据某一主题按年代次序排列起来的参考资料。与之类似，人物年谱则是按年月记载某人生平事迹的体裁。人物年谱大多是后人就其著述及史籍所载事实考订编次而成，如洪兴祖编的《韩愈年谱》、赵子栎编的《杜工部年谱》等。在这里以苏轼年谱为例，一起来学习制作人物年谱、大事年表的方法。

下图左边是《苏东坡传》后所附苏轼年谱第一阶段"北宋仁宗天圣元年至嘉祐八年"即公元1023—1063四十年的内容。从中我们能找到苏轼生命的起点——景祐三年十二月十九日。为了更好地将人物放在他所生活的时空坐标中，可以在这一年的年谱中补充他的出生地以及相关人物的情况：苏轼出生在眉州县纱縠行，苏轼出生这年他的父亲苏洵28岁，母亲程氏27岁。这部分的补充有助于更好地了解人物的家庭情况及人物关系。除此之外，还可以在年谱中标注未来在他的生命轨迹中重要人物的情况：这年范仲淹48岁、梅尧臣35岁、欧阳修10岁、司马光18岁、曾巩18岁、王安石

16 岁、程颢 5 岁、程颐 4 岁。这种横向的关联同样有助于我们更好地了解人物关系。古代年龄齿序决定着长幼尊卑及相处模式，概念中的误差会影响我们对人物性格的判断。

北宋仁宗天圣元年至嘉祐八年（一○二三——一○六三）①
一○三六　苏东坡降生（十二月十九日）
一○五四　娶王弗
一○五七　中"进士"；母丧；服孝（一○五七年四月——一○五九年七月）
一○五九　举家迁往京都（一○六○年二月抵达）
一○六一　任凤翔判官（一○六一年十一月——一○六四年十二月）

● 出生地：眉州县纱縠行
● 家庭成员情况：父亲苏洵 28 岁，母亲程氏 27 岁。
● 重要关系人情况：范仲淹 48 岁、梅尧臣 35 岁、欧阳修 10 岁、司马光 18 岁、曾巩 18 岁、王安石 16 岁、程颢 5 岁、程颐 4 岁。

苏轼年谱（局部）

杨义在《中国叙事学》中将叙事时间主要分成"历史性时间"和"神话性时间"两大类型，其中"历史性时间的刻度，是人类以其观察和体验到的日、月以及其他天体运行的周期来制定的，是一个客观存在的常数"②。《红楼梦》的宏观时间概念相对模糊，但微观时间节点极其清晰。在这里提醒大家在通读的过程中关注以下时间节点，以便更好地完成红楼年表和大事记的制作：

> 年、月、日、时等时间：这类时间节点往往是最具体、最真切的；
>
> 人物生日、死亡时间：人物生日、人物去世后的享年均是重要节点；
>
> 重大节日庆典等时间：除夕、元宵、端午、中秋等节日庆典活动；
>
> 季节更替时间：季节的轮回转换也预示着情节走向。

---

①林语堂. 苏东坡传[M]. 长沙:湖南文艺出版社,2017:347.

②杨义. 杨义文存[M]. 北京:人民文学出版社,2007:141.

大事年表要包含以下几部分内容：

1. 采用"红楼纪年"

以第一回《甄士隐梦幻识通灵　贾雨村风尘怀闺秀》为"红楼元年"。

2. 对应回目

有的回目对应若干年份，也有若干回目对应一个年份。如从第十二回《王熙凤毒设相思局　贾天祥正照风月鉴》末尾至第十六回《贾元春才选凤藻宫　秦鲸卿夭逝黄泉路》，这五回的内容均发生在同一年，即红楼十一年。

3. 标注人物年龄

第二十二回《听曲文宝玉悟禅机　制灯谜贾政悲谶语》开篇明确写到王熙凤要与贾琏商议如何给宝钗过十五岁生日，可以在这一回目旁标注"宝钗十五岁"。

4. 概括主要事件

每年均会有大事发生，简单标注即可，如第三十七回《秋爽斋偶结海棠社　蘅芜苑夜拟菊花题》中海棠社起社这样的重大事件应该标注出来。

阅读任务：

通读《红楼梦》，依照以上提示，边读边圈画四类时间节点，完成红楼大事年表。红楼大事年表至少包括红楼纪年、对应回次、时间节点、人物年龄、重大事件等元素。希望大家发挥聪明才智，增加更多的项目来丰富红楼大事年表。

这里借用周汝昌先生的红楼年表，帮助大家完成梳理。周汝昌先生在《红楼梦新证》第六章列出了红楼年表，他认为"八十回《红楼梦》原书，实共写了十五年的事情"。建议大家关注四季、节气、节日、生日等时间节点及人物的年龄、生死、重大事件等，完成整体梳理《红楼梦》时间线的任务。

红楼大事年表

红楼纪年	对应回次	时间节点	人物年龄	重大事件
红楼元年	第一回			
红楼二年	第一回			
红楼三年	第一回			
红楼四年	第一回			
红楼五年	第一、二回			
红楼六年	第二回			
红楼七年	第二至四回			
红楼八年	第五至六回			
红楼九年	第六至九回			
红楼十年	第九至十二回			
红楼十一年	第十二至十六回			
红楼十二年	第十七至十八回			
红楼十三年	第十八至五十三回			
红楼十四年	第五十三至七十回			
红楼十五年	第七十至八十回			

完成表格后建议再做一个纵向的统计，或以时间轴线图的形式将红楼纪年与回次逐一对应，看看作者详写了哪些年份，哪些年份发生的事情比较多。对《红楼梦》的时间线索形成完整清晰的认知，有助于更好地分析人物、梳理情节。

二、家族人物关系图谱

《红楼梦》人物众多且关系复杂，想要真正读懂《红楼梦》，体会它背后深层的内涵，理清人物关系是第一步，也是最重要的一步。只有将人物放到具体的人物关系网中，我们才能关注到事件中的细节，感受人物的真性情。

《红楼梦》人物庞杂，民国初年兰上星白编了一部《红楼梦人物谱》，共收七百二十一人，人各有传，字数长短不一。此书中又收《红楼梦》所述及的古代帝王二十三人，古人一百一十五人，后妃十八人，列女二十二人，仙女二十四人，神佛四十七人，故事人物十三人，共二百六十二人，每人略考其生平及传说。连上二者合计，共九百八十三人。

这么多的人物如何识记，如何了解？我们尝试绘制四大家族的家族人物关系图谱来辅助记忆。

贾、史、王、薛四大家族实际上是以贾府为首的一个金陵贵族集团。他们势力庞大，都名列当地的"护官符"之中。这四家皆连络有亲，一损皆损，一荣皆荣，扶持遮饰，俱有照应。正因如此，才有了这段知名的"贾不假，白玉为堂金作马。阿房宫，三百里，住不下金陵一个史。东海缺少白玉床，龙王来请金陵王。丰年好大雪，珍珠如土金如铁"。

庞大的人物数量与复杂的家族关系都增加了阅读的难度，通读过程中我们可以借助家谱的形式理清人物关系。家谱又称族谱、宗谱等，是一种以表谱形式，记载一个以血缘关系为主体的家族世系繁衍和重要人物事迹的特殊图书载体。它是由记载古代帝王诸侯世系、世迹而逐渐演变来的。家谱是一种特殊的文献，就其内容而言，是中国五千年文明史中最具有平民特色的文献，记载的是同宗共祖血缘集团世系人物和事迹等方面情况的历史图籍。

家谱记录了家族的世系繁衍和重要人物事迹。罗列家谱的方式有四种：

欧式：又称横行体，是北宋文学家欧阳修创立的。欧式的特点是：世代分格，由右向左横行，五世一表。欧式中，每个世代人名左侧都有一段生平记述，介绍该人的字、号、功名、官爵、生辰年月日、配偶、葬地、功绩等。

苏式：又称垂珠体，是北宋文学家苏洵创立的。苏式世系表的特点是：

世代直行下垂，世代间无横线连接，全部用竖线串联。图表格式由右向左排列，主要是强调宗法关系。

宝塔式：将世代人名像宝塔一样，由上向下排列。宝塔式采用横竖线连接法，竖线永远处在横线的中间，书写起来多有不便。

牒记式：不用横竖线连接世代人名间的关系，而是用纯文字来表述这种关系。每个人名下都有一个相关的简介，如：字、号、功名、官爵、生辰年月日、葬地、功绩等。牒记式的特点是：世系形式固定，次序分明，比较节约纸张。

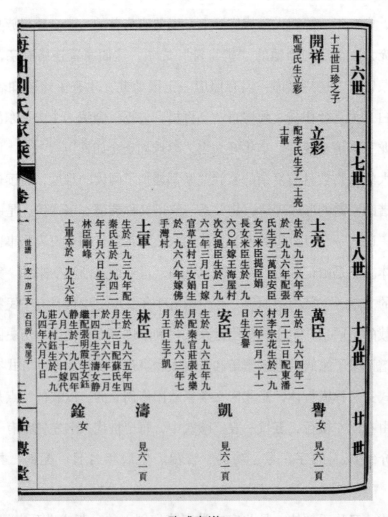

欧式家谱

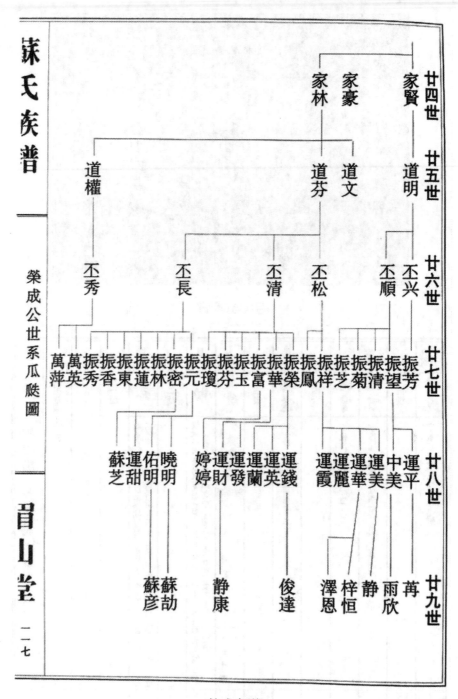

苏式家谱

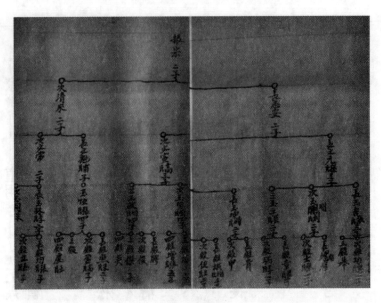

宝塔式家谱

第四篇　客星堂严氏家（支）谱

一、客星堂严氏远祖世系

远祖世系参照华容1997年版严氏族谱世系。

客星堂·严氏家谱

关系	世	名	说明
基祖	一世	忌	名莊忌，后避东汉帝讳改姓严，由拳人（今浙江省嘉兴市），约公元前188至105年在世，讲经石阁，世称严夫子。有传。姓李氏，子一，助。
忌子	二世	助	汉武帝时人，约公元前140～93年，字文兴，汉中大夫，后拜会稽守，复留为侍中，卒葬嘉兴府天宁寺中，土为后严墩，有传，姓赵恭人，子一，宏道。
助子	三世	宏道	字士毅，临川令，姓周氏，子二，九霄、九万。
宏道长子	四世	九霄	字惟高，姓蔡氏，子一，寔元。
宏道次子	四世	九万	字惟远，临川令迁豫章守后裔居益阳严家河。
九霄之子	五世	寔元	字彖仁，姓尹氏，子一，迈。

四十四

牒记式家谱

以上四种世系表形式都各有特色，这是一般家谱中比较常见的世系表。我们在记述家族世系表时，可根据掌握材料的多少、家族成员的多少等灵活采用。针对《红楼梦》复杂的人物关系来说，罗列世系表最为适合，易看易懂、层序分明，有助于更好地理清人物关系，揣摩人物性格。

阅读任务：

1. 从以上四种常见关系图谱中任选一种，制作贾、史、王、薛四大家族的家谱，家谱要包含以下内容：家族介绍、家族关系、家族谱系（配偶、子女）。

2. 请依照以下分类在家族图谱中补充附加人物关系图，注明人物关系。

十二丫鬟：晴雯、麝月、袭人、鸳鸯、雪雁、紫鹃、碧痕、平儿、香菱、金钏、司棋、抱琴。

十二官：琪官、芳官、藕官、蕊官、药官、玉官、宝官、龄官、茄官、艾官、荳官、葵官。

三、通灵宝玉前世今生

《红楼梦》中有三个神话框架：女娲补天、木石前盟、太虚幻境。这些神话元素无形中为这部伟大作品蒙上了一层奇幻瑰丽的浪漫主义色彩。它们与现实世界的水乳交融，构成了作品里虚虚幻幻、真真假假的艺术世界。正如太虚幻境中对联所书：假作真时真亦假，无为有处有还无。

通灵宝玉是贾宝玉出生时嘴里衔来，当作命根子挂在项上的。它大如雀卵，灿若明霞，莹润如酥，五色花纹缠护。正面篆文：通灵宝玉，莫失莫忘，仙寿恒昌；背面篆文：一除邪祟，二疗冤疾，三知祸福。它和贾宝玉、甄宝玉合而为一才是青埂峰下那颗补天无用的顽石，才是木石前盟中浇灌绛珠仙草的神瑛侍者。通灵宝玉作为补天顽石、神瑛侍者和甄、贾宝玉的不同形态出现，勾连起了《红楼梦》现实世界和虚幻世界，即女娲补天、木石前盟、太虚幻境。

通灵宝玉的前世今生勾连着《红楼梦》的虚实二界。下面就从文本出发，梳理通灵宝玉的前世今生。

（一）女娲补天——无用顽石

女娲补天神话在《红楼梦》的神话体系中所占篇幅不大，但却是故事的源头。通灵宝玉本是女娲补天用剩的一块石头，"自经煅炼之后，灵性已通，因见众石俱得补天，独自己无才，不得入选，遂自怨自叹，日夜悲哀"。虽然无才补天，石头仍希望有所为，于是请求过路的僧道将其携入人间，体验一番温柔富贵乡的生活。僧道答应他的请求，"那僧便念咒书符，大展幻术，将一块大石登时变成一块鲜明莹洁的美玉，且又缩成扇坠大小的可佩可拿"。然后携它到"那昌明隆盛之邦、诗礼簪缨之族、花柳繁华地、温柔富贵乡去安身乐业"。这便是通灵宝玉的前世之一，即一块补天无用的顽石，经由僧道之手化作一美玉。

（二）木石前盟——神瑛侍者

通灵宝玉的另一个前世身是神瑛侍者。在他还是一块石头的时候逍遥游乐，来到警幻仙子处，程甲本第一回写道，"那仙子知他有些来历，因留他在赤霞宫居住，就名他为赤霞宫神瑛侍者。他却常在灵河岸上行走，看见这株仙草可爱，遂日以甘露灌溉，这绛珠草始得久延岁月"。绛珠仙草本就受了天地精华、复得甘露滋养，遂脱了草木之胎，得换人形，修成女体，这便是黛玉的前身，还泪一说由此而来："只因尚未酬报灌溉之德，故其五内便郁结着一段缠绵不尽之意。……那珠仙子道：'他是甘露之惠，我并无此水可还。他既下世为人，我也去下世为人，但把我一生所有的眼泪还他，也偿还得过他了。'"

这便是宝黛之间的木石前盟，神瑛侍者只可看作是顽石的另一化身，因为无论是通灵宝玉还是顽石，它的外在形态终究是一块石头，神瑛侍者、甄贾宝玉都只能看作它的分身而已。

（三）太虚幻境（人间镜像）——通灵宝玉、贾宝玉、甄宝玉

《红楼梦》中的现实世界就是以贾府，特别是大观园为核心的生活圈，虚幻世界主要是太虚幻境，而太虚幻境和大观园是相互对应的，大观园其实就是太虚幻境的人间投影。在论述太虚幻境时，大观园中的各种物象同样可以佐证太虚幻境的物象。荣国府中有秦可卿，太虚幻境中有警幻仙姑的妹妹兼美，字可卿。

前八十回中共有四次提到太虚幻境：第一回甄士隐在太虚幻境中梦识通灵玉，第五回宝玉神游太虚幻境，第十二回风月宝鉴出自太虚幻境，第六十六回尤三姐死后托梦柳湘莲，魂归太虚幻境。其中描写最为细致的就是第五回《贾宝玉神游太虚境　警幻仙曲演红楼梦》。

一虚一实两个世界并不是独立、割裂的，二者之间存在一些可以联结二境的媒介，其中最为典型的媒介就是风月宝鉴。《风月宝鉴》是曹雪芹早期创作的一部作品，可以看作是《红楼梦》的雏形。风月宝鉴从外形来说就是一面镜子，它的正面照出的是风月繁华、温柔富贵、儿女情长，背面照出的却是白骨嶙嶙、斑斑血泪、红粉骷髅。它涵盖了正与反、真与假、现象与本质诸方面的对立统一，从而暗示出作品盛衰荣辱的大主题。

阅读任务：

1. 风月宝鉴是联结现实与虚幻的媒介，大家在通读《红楼梦》的过程中关注其中虚实二境，找到并归纳联结二境的诸多方式，完成《风月宝鉴使用说明》并制作一本《红楼通灵手册》。

《风月宝鉴使用说明》可以算作是《红楼通灵手册》的样张，要包含以下内容：通灵方式、相关回目、使用说明、通灵示例、有效指数、难度系数等。

《红楼梦》中常见的通灵物品，可以依照提示发散思维，适当增添内容和类别，尽力完善《红楼通灵手册》。

物品类：风月宝鉴、通灵宝玉……

人物类：跛足道人、癞头和尚……

梦境类：梦游、梦境、神游……

转世类：神瑛侍者、绛珠仙草……

镜像类：秦可卿、甄宝玉……

2. 大家在学习了如何撰写某一事物的使用说明并且熟悉了《红楼梦》中不同类型的通灵方式后，请完成《红楼通灵手册》的撰写。

第一步，通读原文，关注虚实二境并标注相关回目；

第二步，依据类别，罗列通灵方法；

第三步，撰写《红楼通灵手册》。

撰写时，无论怎样调整，都必须涉及通灵方式、相关回目、使用说明、通灵示例、有效指数等内容。

【古典文论支点——事赝而理真】

《红楼梦》中有三重世界，第一重世界是变化无常的自然世界，混杂酸甜苦辣，历经生老病死。第二重世界是有情的心理世界，是人物丰富内心的展现。第三重世界是空无的虚幻世界，以虚无的形式勾连着自然世界的无奈与内心世界的虚幻，实现了有情世界、无常世界的平衡。曹雪芹精心安排了太虚幻境，这是一切故事的缘起，也是贾府荣辱兴替后最终回归的终点。

这三重世界真真假假、虚虚实实，给读者错乱恍惚的感觉。曹雪芹对于虚实、真假、有无的精心设计同样源自古典文学对于文学创作虚实真假的辨析。

从冯梦龙开始，针对小说创作虚和实、真和赝的关系问题才有了比较彻底的论述。冯梦龙在总结话本小说创作经验的基础之上，提出了"事赝而理真"的观点，强调小说创作要符合生活情理，而不必拘泥于生活事实。他针对志怪小说的"虚"与"实"提出了自己的看法，认为这些故事的来源尽管是"耳目相接"，似"皆表表有据依者"，但事实上是虚的。

他在《警世通言·叙》中提到的"事赝而理真"中赝就是虚构、假托，"理"就是道理、原则。冯梦龙所说的"理"指的是一种不悖于人情又合乎自然之道的"人情物理"，这种理是"不害于风化，不谬于圣贤，不戾于诗书经史"的，无论是否"赝"，只要"理"寓其中，就可以"触性性通，导情情出"，起到"醒世""醒人"的作用。作为读者，我们要尝试从整体入手，通过细读感受语境，把握作品虚幻纷繁叙事中的内在主线。想要读懂《红楼梦》就要在其中的真真假假、虚虚实实中揣摩作者的真情、真理、真意。

第三节　研读·细寻情节线索

研读部分通过细读人物，关注曹雪芹"草蛇灰线，伏脉千里"的写作手法，进入真正的文本细读环节。金圣叹在《读第五才子书法》中提及"草蛇灰线"的手法："有草蛇灰线法。如景阳冈勤叙许多'哨棒'字，紫石街连写若干'帘子'字等是也。骤看之，有如无物，及至细寻，其中便有一条线索，拽之通体皆动。"① 这里说的"草蛇"指的是一条蛇从草丛穿过，不会留下脚印，但蛇有重量，还是会留下一些若隐若现的痕迹。而"灰线"指的是拿一条缝衣服的线，在烧柴后的炉灰里拖一下，由于线特别

---

① 施耐庵.金圣叹批评本《水浒传》[M].金圣叹批评.长沙:岳麓书社,2006:4.

轻，留下的痕迹也是若有若无。"草蛇灰线"比喻事物留下隐约可寻的线索和迹象，在文学创作中"草蛇灰线，伏脉千里"的写法指的是通过巧妙的伏笔使小说环环相扣，前后呼应。

在研读过程中，通过对"草蛇灰线，伏脉千里"手法的分析，多角度探寻细节中的人物性格，为续写红楼提供关键依据。第一部分"寻找谶语中人物命运暗示"关注红楼中大量的谶语，推断八十回后人物的命运。第二部分"还原末回警幻情榜及考语"在细读重要情节的过程中关注情节之间的关联，体会"草蛇灰线，伏脉千里"手法塑造的人物性格。第三部分"从衣食住中感受红楼大观"，通过分析作品中衣食住等生活细节，感受曹雪芹出神入化的人物描写方法。

【细读策略指导——感受文本自足】

文本细读最重要的一个观念，就是认为文本是自足的，强调文本自身的价值和意义。批评家主要关注的是作品本身，也就是说文学文本不需要借助文本之外的任何政治事件与人物、历史事件与人物来解释。不能自足的文本，不是优秀的文本，也不是成功的艺术作品。真正优秀的艺术作品不需要画外音，也不需要作家跳出来说什么，只依靠文本自身的魅力就足以实现写作目的。文本自足的概念在《红楼梦》中得到了充分的体现。

《红楼梦》中的文本自足直接体现为"草蛇灰线，伏脉千里"的写法，可以关注以下几点：一是谶语暗示；二是矛盾关联；三是细节描写。

《红楼梦》是多维网状结构，多线索并进，关注文本前后关联是实现文本细读，感受文本自足的关键。为了更好地完成这一任务，适当补充了与之相关的部分脂批，从文本内部提供的信息揣摩人物性格、分析人物命运，推测八十回后真故事。

一、寻找谶语中人物命运暗示

在《红楼梦》中，宝玉有这样一段惊世骇俗的言论："女儿是水作的骨肉，男人是泥作的骨肉。我见了女儿，我便清爽；见了男子，便觉浊臭逼人。"这也成了世人诟病宝玉的诸多证据之一，实际上它背后透露出的是曹雪芹的创作目的——使闺阁昭传，使天下后世知道"闺阁中历历有人"。在传统伦理道德观念中，女子地位卑贱，曹雪芹却说："忽念及当日所有之女子，一一细考较去，觉其行止见识，皆出于我之上。何我堂堂须眉，诚不若彼裙钗？"因此他笔下的红楼大观中均是惊艳非常、才华横溢、行止不凡的闺阁英雄。她们的命运也以"谶"的形式在前八十回中得到了充分的暗示。

所谓"谶"，即是一种关于社会或个人的先兆性和应验性预言，通常假托天和神的旨意，以隐喻的形式出现。随着时代的发展，谶语逐渐作为一种特殊的语言手段运用到文学创作中。《红楼梦》谶语是指小说中对人物命运情节发展具有预示、暗喻及象征作用的部分。前八十回出现的谶语形式丰富多样，粗略分类，主要形式有：

第一，图谶，即配有图画的谶语。金陵十二钗正册、副册、又副册，宝玉的通灵宝玉和薛宝钗的璎珞及其篆字，都是图谶。

第二，诗谶，即用诗词韵语预示未来的谶语。最为典型的是林黛玉的《葬花吟》。

第三，梦谶，即梦境与谶语的结合。第五回宝玉梦游太虚幻境的所见所闻，预示着小说中人物的命运及故事情节发展。

第四，语谶，即书中人物日常对话中的隐藏的谶语。

第五，灯谜、酒令和戏文。

形式多样的谶语并不是孤立的，而是曹雪芹整体创作观念的体现。我们只有仔细揣摩、前后勾连，才能体会其中的精彩。

在众多谶语中影响最大的就是第五回宝玉神游太虚幻境时出现的图册判词和十二曲。我们通过细读文本，关注谶语与人物命运的关联，体会曹雪芹"草蛇灰线，伏脉千里"的精妙笔法与"千红一哭，万艳同悲"的悲剧意识。在第五回《贾宝玉神游太虚境　警幻仙曲演红楼梦》中宝玉来到太虚幻境，在警幻仙姑的引领下转过牌坊，进入宫门二层门内，来到"薄命司"看见十数个用封条封着的大厨，见到金陵十二钗图册，翻看了"又副册"两幅图册判词、"副册"一幅图册判词、"正册"十一幅图册判词。随后宴饮间欣赏了警幻仙姑刚刚排练的"红楼十二曲"加上引子及收尾共十四支曲。这些内容是本部分需要着重解读的谶语。

在金陵十二钗图册中，晴雯是除了秦可卿以外唯一一个在前八十回中就

晴雯病补雀金裘

完结了的人物。她居《红楼梦》"金陵十二钗又副册"之首，分析她的判词，与作品中她的命运对比，可以为我们分析其他人物结局提供参考。

晴雯的判词为：霁月难逢，彩云易散。心比天高，身为下贱。风流灵巧招人怨，寿夭多因毁谤生，多情公子空牵念。

晴雯是贾宝玉的四大丫鬟之一，是贾母挑选给宝玉的，暗中已经预设了晴雯有可能成为宝玉未来的姨娘。她生得俊俏，风姿绰约，性情刚烈。晴雯位列"金

陵十二钗又副册"之首，比晴雯身份更高、权势更大的丫鬟很多，她能超越鸳鸯、平儿、袭人居于副册之首，足见她在全书中的重要程度以及作者对她的偏爱。判词首两句"霁月难逢，彩云易散"点出晴雯的名字，暗示她的人品和将遭遇的不幸。"霁月"，指雨后月出，天晴月朗，点出了一个"晴"字。而旧时以"光风霁月"喻人的品格光明磊落，可以看出作者对晴雯的高度评价。"彩云"是指绚丽的云彩，两云呈彩叫雯，点出一个"雯"字，寓意纯净美好。这两句中的"难逢""易散"，暗喻晴雯像易于消散的云彩那样难存于世，必将遭到不幸。与晴雯撕扇、病补雀金裘以及死前的真性情相对应，"又非人物，也无山水，不过是水墨滃染的满纸乌云浊雾而已"也含蓄地描写出了晴雯刚烈高傲的性子与混沌世界的矛盾及终将毁灭的结局。

这些关于人物性格与最终命运的分析都是由判词、图册及红楼十二曲引发的。

阅读任务：

请细读原典，关注人物命运，解读第五回中出现的二十八个谶语。建议这一任务至少在通读一遍原典书册之后进行。第一步，重读第五回，细读细品第五回中出现的二十八个谶语，推测它们对应的人物。第二步，查阅资料，将自己的判断与名家的分析对应，看看自己判断对了哪些，可同小伙伴一起讨论理解不准确和判断不准确的谶语。第三步，在基本熟悉人物、情节及全书脉络的基础上，跳读相关情节，依据原典前八十回的内容及补充的脂批信息，解读判词谶语。要求逐句分析解读，可参照名家解读，但一定要有自己的思考与体悟。从后文的人物命运经历中找到依据，并推测八十回后人物最终结局。

金陵十二钗又副册判词及其解读

图画	判词及脂批	对应金钗	依照原文解读判词
只见这首页上画着一幅画，又非人物，也无山水，不过是水墨瀚染的满纸乌云浊雾而已	霁月难逢，彩云易散。心比天高，身为下贱。风流灵巧招人怨。寿夭多因毁谤生，多情公子空牵念【脂批：恰极之至！"病补雀金裘"回中，与此合看。】		
又见后面画着一簇鲜花，一床破席	枉自温柔和顺，空云似桂如兰；堪羡优伶有福，谁知公子无缘【脂批：骂死宝玉，却是自悔。】		

金陵十二钗副册判词及其解读

图画	判词及脂批	对应金钗	依照原文解读判词
只见画着一株桂花，下面有一池沼，其中水涸泥干，莲枯藕败	根并荷花一茎香，【脂批：却是咏菱妙句。】平生遭际实堪伤。自从两地生孤木，【脂批：拆字法。】致使香魂返故乡		

金陵十二钗正册判词及其解读

图画	判词及脂批	对应金钗	依照原文解读判词
只见头一页上便画着两株枯木，木上悬着一围玉带；又有一堆雪，雪下一股金簪	可叹停机德，【脂批：此句薛。】堪怜咏絮才。【脂批：此句林。】玉带林中挂，金簪雪里埋【脂批：寓意深远，皆非生其地之意。】		
遂又往后看时，只见画着一张弓，弓上挂着香橼	二十年来辨是非，榴花开处照宫闱。三春争及初春景，【脂批：显极。】虎兕相逢大梦归		

续表

图画	判词及脂批	对应金钗	依照原文解读判词
后面又画着两人放风筝，一片大海，一只大船，船中有一女子掩面泣涕之状	才自精明志自高，生于末世运偏消。【脂批：感叹句，自寓。】清明涕送江边望，千里东风一梦遥【脂批：好句。】		
后面又画几缕飞云，一湾逝水	富贵又何为，襁褓之间父母违。展眼吊斜晖，湘江水逝楚云飞		
后面又画着一块美玉，落在泥垢之中	欲洁何曾洁，云空未必空。可怜金玉质，终陷淖泥中		
后面忽见画着个恶狼，追扑一美女，欲啖之意	子系中山狼，得志便猖狂。【脂批：好句。】金闺花柳质，一载赴黄粱		
后面便是一所古庙，里面有一美人在内看经独坐	堪破三春景不长，缁衣顿改昔年妆。可怜绣户侯门女，独卧青灯古佛旁【脂批：好句。】		
后面便是一片冰山，上面有一只雌凤	凡鸟偏从末世来，都知爱慕此生才。一从二令三人木，【脂批：拆字法。】哭向金陵事更哀		
后面又是一座荒村野店，有一美人在那里纺绩	势败休云贵，家亡莫论亲。【脂批：非经历过者，此二句则云"纸上谈兵"，过来人那得不哭？】偶因济刘氏，巧得遇恩人		
后面又画着一盆茂兰，旁有一位凤冠霞帔的美人	桃李春风结子完，到头谁似一盆兰。如冰水好空相妒，枉与他人作笑谈【脂批：真心实语。】		
后面又画着高楼大厦，有一美人悬梁自缢	情天情海幻情身，情既相逢必主淫。漫言不肖皆荣出，造衅开端实在宁		

红楼十二曲曲词及其解读

曲名	曲词及脂批	对应金钗	依照原文解读曲词
红楼梦引子	开辟鸿蒙，谁为情种？【脂批：非作者为谁？余又曰：亦非作者，乃石头耳。】都只为风月情浓。趁着这奈何天，伤怀日，寂寥时，试遣愚衷。【脂批："愚"字自谦得妙。】因此上，演出这怀金悼玉的《红楼梦》【脂批：读此几句，翻厌近之传奇中，必用开场副末等套，累赘太甚。】		
终身误	都道是金玉良姻，俺只念木石前盟。空对着，山中高士晶莹雪；终不忘，世外仙姝寂寞林。叹人间，美中不足今方信。纵然是齐眉举案，到底意难平【脂批：语句泼撒，不负自创北曲。】		
枉凝眉	一个是阆苑仙葩，一个是美玉无瑕。若说没奇缘，今生偏又遇着他；若说有奇缘，如何心事终虚化？一个枉自嗟呀，一个空劳牵挂。一个是水中月，一个是镜中花。想眼中能有多少泪珠儿，怎经得秋流到冬尽，春流到夏		
恨无常	喜荣华正好，恨无常又到。眼睁睁，把万事全抛。荡悠悠，把芳魂消耗。望家乡，路远山高。故向爹娘梦里相寻告：儿命已入黄泉，天伦呵，须要退步抽身早【脂批：悲险之至！】		

曲名	曲词及脂批	对应金钗	依照原文解读曲词
分骨肉	一帆风雨路三千，把骨肉家园齐来抛闪。恐哭损残年，告爹娘，休把儿悬念。自古穷通皆有定，离合岂无缘？从今分两地，各自保平安。奴去也，莫牵连		
乐中悲	襁褓中，父母叹双亡。【脂批：意真辞切，过来人见之，不免失声。】纵居那绮罗丛，谁知娇养？幸生来，英豪阔大宽宏量，从未将儿女私情略萦心上。好一似，霁月光风耀玉堂。厮配得才貌仙郎，博得个地久天长，准折得幼年时坎坷形状。终久是云散高唐，水涸湘江。这是尘寰中消长数应当，何必枉悲伤【脂批：悲壮之极，北曲中不能多得。】		
世难容	气质美如兰，才华阜比仙。【脂批：妙卿实当得起。】天生成孤癖人皆罕。你道是啖肉食腥膻，【脂批：绝妙！曲文填词中不能多见。】视绮罗俗厌；却不知太高人愈妒，过洁世同嫌。【脂批：至语。】可叹这，青灯古殿人将老；辜负了，红粉朱楼春色阑。到头来，依旧是风尘肮脏违心愿。好一似，无瑕白玉遭泥陷；又何须，王孙公子叹无缘		

曲名	曲词及脂批	对应金钗	依照原文解读曲词
喜冤家	中山狼，无情兽，全不念当日根由。一味的骄奢淫荡贪还构。觑着那，侯门艳质同蒲柳；作践的，公府千金似下流。叹芳魂艳魄，一载荡悠悠【脂批：题只十二钗，却无人不有，无事不备。】		
虚花悟	将那三春看破，桃红柳绿待如何？把这韶华打灭，觅那情淡天和。说什么，天上天桃盛，云中杏蕊多。到头来，谁把秋捱过？则看那，白杨村里人呜咽，青枫林下鬼吟哦。更兼着，连天衰草遮坟墓。这的是，昨贫今富人劳碌，春荣秋谢花折磨。似这般，生关死劫谁能躲？闻说道，西方宝树唤婆娑，上结着长生果【脂批：末句、开句、收句。】		
聪明累	机关算尽太聪明，反算了卿卿性命。【脂批：警拔之句。】生前心已碎，死后性空灵。家富人宁，终有个家亡人散各奔腾。枉费了，意悬悬半世心；好一似，荡悠悠三更梦。【脂批：过来人睹此，宁不放声一哭？】忽喇喇似大厦倾，昏惨惨似灯将尽。呀！一场欢喜忽悲辛。叹人世，终难定【脂批：见得到。】		
留余庆	留余庆，留余庆，忽遇恩人；幸娘亲，幸娘亲，积得阴功。劝人生，济困扶穷，休似俺那爱银钱忘骨肉的狠舅奸兄！正是乘除加减，上有苍穹		

曲名	曲词及脂批	对应金钗	依照原文 解读曲词
晚韶华	镜里恩情，【脂批：起得妙！】更那堪梦里功名！那美韶华去之何迅！再休提绣帐鸳衾。只这带珠冠，披凤袄，也抵不了无常性命。虽说是，人生莫受老来贫，也须要阴骘积儿孙。气昂昂头戴簪缨，气昂昂头戴簪缨；光灿灿胸悬金印；威赫赫爵禄高登，威赫赫爵禄高登；昏惨惨黄泉路近。问古来将相可还存？也只是虚名儿与后人钦敬		
好事终	画梁春尽落香尘。【脂批：六朝妙句。】擅风情，秉月貌，便是败家的根本。箕裘颓堕皆从敬，【脂批：深意他人不解。】家事消亡首罪宁。宿孽总因情【脂批：是作者具菩萨之心，秉刀斧之笔，撰成此书。一字不可更，一语不可少。】		
收尾·飞鸟各投林	【脂批：收尾愈觉悲惨，可畏！】为官的，家业凋零；富贵的，金银散尽；【脂批：二句先总宁、荣。】有恩的，死里逃生；无情的，分明报应。欠命的，命已还；欠泪的，泪已尽。冤冤相报实非轻，分离聚合皆前定。欲知命短问前生，老来富贵也真侥幸。看破的，遁入空门；痴迷的，枉送了性命。【脂批：将通部女子一总。】好一似食尽鸟投林，落了片白茫茫大地真干净【脂批：又照看葫芦庙。与"树倒猢狲散"反照。】		

为了更好地对应谶语，了解文章内容及人物命运，细品判词之后，可以尝试关注诗谶，如第七十六回林黛玉和史湘云联诗的最后，黛玉的《中秋夜联句》中的"冷月葬花魂"就是最为典型的诗谶。此句意境优美，宛若天成，使得湘云认输，妙玉叹服。不仅是潇湘妃子才思敏捷的集中体现，更是她一生悲剧命运的影射，可谓寓意无穷，妙不可言。同样，"寒塘渡鹤影"也暗示湘云以后如寒塘孤鹤般的飘零生活。

掣花签游戏中的签词也是谶语的一种形式。麝月抽到了荼蘼花，一句"韶华胜极"紧接"开到荼蘼花事了"，预告百花凋零，预示贾府最终的衰败。"在席各饮三杯送春"暗喻好日子快要到头了。所以当抽到这则花签的"麝月问怎么讲，宝玉愁眉，忙将签藏了，说：'咱们且喝酒。'说着，大家吃了三口，以充三杯之数"，以此掩饰这支花签暗示出的强烈悲剧意蕴。这则花签预示着贾家败落的命运，贾家被抄家后留在宝玉身边的人是麝月，印证了"开到荼蘼花事了"的谶语。

二、还原末回警幻情榜及考语

我国古典章回小说末尾多有一张"榜"。《封神演义》第九十九回《姜子牙归国封神》列有三百六十五位正神之位，是为"封神榜"。《水浒传》第七十一回《忠义堂石碣受天文　梁山泊英雄排座次》，列有梁山泊一百单八条绿林好汉的"忠义榜"。《儒林外史》第五十六回《神宗帝下诏旌贤　刘尚书奉旨承祭》列有一张"幽榜"。《西游记》第一百回《径回东土　五圣成真》列有一张"佛榜"。庚辰本《石头记》第十七、十八回有眉批："树（前）处引十二钗总未的确，皆系漫拟也。至末回警幻情榜方知正、副、再副、及三、四副芳讳。壬午季春畸笏。"可知作者曹雪芹在创作《红楼梦》时原拟在末回"附"一张"情榜"的。遗憾的是"书未成，芹为泪尽而逝"，"情榜"也消失在读者的视野中。

"榜"最大的特点就是概括性和总结性。在这里，我们借助《水浒传》的英雄排座次，来感受"榜"的统领作用。《水浒传》英雄排座次的标准主要考量一下几个因素：武艺强弱是排序的根本、天罡讲究地煞粗疏、声望及其他才能的恰当定位、男尊女卑、个人品行的影响。这些因素直接决定了人物的排序。警幻情榜同样如此，我们的评价依据和标准也不应该是单一维度的，特别是考语的选择，一个字，最多两个字中要涵盖人物的完整性格，要言简意赅，精练通透。

情榜的人数，红学研究者始终有争论，三十六人、六十人、一百零八人的说法均有依据，造成这一争议的主要原因是第五回金陵十二钗图册的总数。脂批透露出情榜考语的只有宝黛二人：

按"警幻情榜"，宝玉系"情不情"。凡世间之无知无识，彼俱有一痴情去体贴。（第八回脂批）

后观"情榜"评曰"宝玉情不情"，"黛玉情情"，此二评自在评痴之上，亦属囫囵不解，妙甚！（第十八回脂批）

从现有脂批中我们能看到的情榜考语，宝玉为"情不情"，黛玉为"情情"，在这里我们整合名家观点，一起解读一下宝黛的考语。

首先，考虑词性。第一个"情"字为动词，第二个"情"字为名词。可以直接理解为，宝玉对所有事物不管对他有情无情，均动情，包括熟悉的人、不熟悉的人、花草等，这种近乎"博爱"的情感也暗示他最终走向佛家。黛玉则只对她关心、在乎的人或事动情，主要的对象就是宝玉，她的一喜一怒、一颦一笑均由宝玉起，这也暗合了绛珠还泪的前世纠葛。

其次，关注文本依据。以宝玉"情不情"为例。宝玉的"情不情"体现在《红楼梦》中的杏子林伤春，黛玉葬花前宝玉拾掇落花，埋葬和香菱斗草后的夫妻蕙……这些都可以说以痴情去体贴无情之物。至于人就更是如此，特别是对女儿，第五十一回夜间，麝月趁服侍宝玉喝茶之机出房望月。晴雯只穿一件小袄就出门去吓麝月。宝玉怕二人挨冻，将晴雯叫进来，让她钻进自己的被窝取暖。麝月回来则问宝玉"晴雯出去我怎么不见?"，宝玉笑道"这不是他，在这里渥呢"，晴雯这才回自己被窝中去。一个怡红院日常的生活片段中可以看到宝玉的细心与用心，一心兼顾二人，足见他"无事忙"的日常状态，时时刻刻照顾着周围女儿们。

再次，要注明选词出处。"情"字是红楼主旨，作为主人公的宝黛二人在情榜原有的"情"字之外再占一"情"字正是恰到好处，照应了木石前盟的前世姻缘。其他金钗在情榜中的考语也应有所出处，是出自回目的一字定评还是文中的某个细节，要有原文依据。

阅读任务:

细读原典，关注人物性格、命运，还原《红楼梦》原稿末回的"警幻情榜"，给每个人物一个带"情"字的考语，并注明理由。可以依照给出的三十六人情榜，更鼓励学有余力的同学自行拟定情榜，具体数目可参照相关文献。

金陵十二钗正册：林黛玉、薛宝钗、贾元春、贾探春、史湘云、妙玉、贾迎春、贾惜春、王熙凤、贾巧姐、李纨、秦可卿。

金陵十二钗副册：香菱、平儿、薛宝琴、邢岫烟、宝蟾、娇杏、尤二姐、尤三姐、瑞珠、宝珠、李纹、李绮。

金陵十二钗又副册：晴雯、袭人、小红、紫鹃、麝月、鸳鸯、司棋、金钏、玉钏、茜雪、莺儿、柳五儿。

要求:

1. 给出情字考语;

2. 注明理由，包括内容解读、情节依据、选词出处等;

3. 罗列名家对上述人物的考语，参照比较，加深理解。

三、从衣食住中感受红楼大观

本部分聚焦在作品中极其精巧、精良、精妙的细节上，关注《红楼梦》中的妆容服饰、饮食起居和居室建筑。虽然这些描写并没有原典中人物那么跃然纸上，也没有书中跌宕的情节那么耐人寻味，但如果将这些元素从作品中剥离出去，那么《红楼梦》的艺术价值会被大大削弱。曹雪芹对于作品细节的处理，精妙到近乎严苛，在服装、美食、居室等生活细节中不吝惜笔墨，足见他对创作的精益求精。

1987 年央视版《红楼梦》由王扶林导演，周汝昌、王蒙等多位红学家参与制作。从 1979 年的筹划到 1987 年正式搬上荧幕，经历了近十年的拍摄过程，投入巨大可想而知。它的前二十九集基本忠实于曹雪芹原著前八十回，后七集主体剧情仍采用程高本后四十回，另外抛弃了宝玉中举、兰桂齐芳、家复中兴的小团圆结局，并根据脂批和红学探佚学研究成果对香菱之死、探春远嫁、贾母之死、巧姐获救等情节进行了修改，又重新创作出狱神庙探监、凤姐死于狱中、贾府家亡人散等剧情。1987 版红楼制作之精良、投入之巨大、流传之广泛都是前所未有的，是一部永远不法逾越的经典，以至于现在我们提到贾宝玉脑海中浮现的多是欧阳奋强的样貌，提到黛玉永远是陈晓旭的身影。这些经典人物的成功塑造既是整个剧组通力合作、演员全情投入的结果，也离不开造型师颇费心思的画龙点睛。

（一）锦衣中的红楼

杨树云在担任 1987 版《红楼梦》的造型师期间经历了一系列的挑战和考验，最大的困难就是《红楼梦》中描绘的生活距今已经二百多年，人们的穿着打扮和生活习惯已经发生了巨大的变化。而且大观园中都是年龄相仿、姿色过人的佳人，如何做到各具特色是个更大的难题。杨树云在和导演王扶林探讨的过程中确定了"无法学法""同中求异"的原则。衣着妆容风格确定在明清之间，人物年龄综合各家之言进行了大致的判定。确定了整体风格之后就要进一步设计了，原著是最重要的依据。研读原著，从中找到对人物外貌的详尽描绘，参照历代文献史料，形成自己的判断，再结合演员自身的特点确定妆容和造型。通过这三个步骤，将原本朦胧、抽象、碎片化的人物描写文字转化成了清晰、具体、完整的人物造型。《红楼梦》用极精练概括的语言描绘了人物的形、神，美虽美但非常抽象。而电视是视觉艺术，要将形象的艺术真实地展现在观众眼前，就要变抽象为具体，让书中人物从文字中走出来。

阅读任务：

通过上文我们了解了才华横溢且勤劳严谨的造型师如何将虚幻而美好的文字转化成一个个灵动的人物形象。下面我们就通过"制作激萌相机红楼版"任务来体验这种神奇的魔法。

激萌相机是一款既支持静态照片也支持视频拍照相机，相机中内置可爱贴图，将摄像头对准面部，屏幕上面就能实时看到添加特效后的自己了。

《红楼梦》人物妆容极具特点，请你设计一系列红楼梦人物贴纸。以"激萌相机黛玉素材图"为例，面部空出。设计的内容如下：

1. 典型发型（发髻等）；

2. 典型发饰（簪钗、压发、抹额等）；

3. 珠宝首饰（耳环、镯子、戒指等）；

4. 典型道具（提示作用，与关键情节有关）；

5. 背景装饰（设计与人物相关的动态背景）；

6. 背景音乐（选择与人物相关的词曲音乐）。

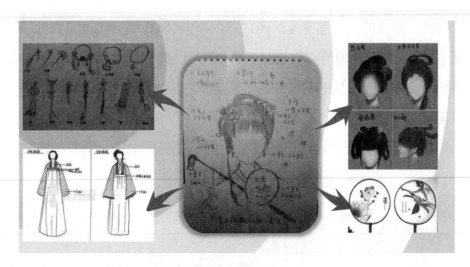

激萌相机黛玉素材图

（二）舌尖上的红楼

我们在制订红楼菜谱的时候可以从这三个角度考虑：

1. 原料广泛，要求精严

贾府的饮食在用料上极为广泛，无论是山珍海味还是飞禽走兽，无论是五谷蔬菜还是野生花果菌菇，几乎都可以作为贾府的饮食原料。

2. 烹调技法全面，以煮、炖、炒、蒸见长

提到红楼美食，最容易让人联想到的就是那道颇具盛名的"茄鲞"，贾府的这道"茄鲞"是寻常人家是见不到、吃不到的。在第四十一回《贾宝玉品茶栊翠庵　刘姥姥醉卧怡红院》中，刘姥姥与贾母一道用饭，薛姨妈让王熙凤给刘姥姥布菜，就提到了这道茄鲞。王熙凤还向刘姥姥介绍了制作方法，刘姥姥听了，摇头吐舌说道："我的佛祖！倒得十来只鸡来配他，怪道这个味儿！"从刘姥姥的反应中可以感受到这道菜是寻常百姓家想也不敢想的，只属于贵族所食。也正是由于这道菜引发的小故事，凸显了人物性格背景也展现了贾府日常饮食的豪奢与讲究。

3. 造型优美，讲究盛器

让凤姐觉得"磨牙"、麻烦费事、不好对付的倒是第三十五回宝玉挨打

后想喝的"小荷叶儿小莲蓬儿的汤"。这种汤用凤姐的话说就是用面膜子氽鸡汤，"借点新荷叶的清香，全仗着好汤"，说起来其实不复杂，但制作工具精良且流程复杂，从中不难看出贾家此前的鼎盛之态。

阅读任务：

1. 以前八十回为主，将与美食相关的回次提取出来，制作红楼美食统计表。

红楼美食统计表

回次	美食名称
第三回	
第八回	
第十一回	
第十二回	
第十六回	
第十七回	
第十九回	
第二十回	
第二十五回	
第二十六回	
第二十八回	
第二十九回	
第三十一回	
第三十四回	
第三十七回	
第三十八回	

续表

回次	美食名称
第三十九回	
第四十回	
第四十一回	
第四十二回	
第四十三回	
第四十五回	
第四十六回	
第四十九回	
第五十回	
第五十二回	
第五十三回	
第五十四回	
第五十八回	
第六十回	
第六十一回	
第六十二回	
第六十三回	
第七十一回	
第七十五回	

2. 在上表的基础上，依照不同类别，给红楼美食分类并统计各类菜品数量。

红楼美食分类统计表

类别	美食名称	数量统计
主食		
菜肴		
小食		
饮品		
果品		
补品		

3. 在前两个表的基础上，完成至少五个红楼美食的菜谱呈现，内容包括：美食名称、出现回次、相关情节、特点、配图、原料、做法等。

（三）居室里的红楼

大观园是《红楼梦》中贾府为元春省亲而修建的别墅，元春题其园之总名曰"大观园"，正殿匾额云"顾恩思义"。省亲后，元春命宝玉和诸钗入园居住。可以说大观园寄托了作者的人生理想，这里是宝玉和金陵十二钗的女儿国，是太虚幻境的凡世化身，是天地间至情至性、至美至圣的所在。关于大观园的所在红学研究争议不断，很多人认为是北京的恭王府，还有一些人认为是南京的随园。实际上，大观园是典型的纸上园林，虽然只是作者想象，但却是清代园林最完美的代表，园内诸景皆备、四时皆宜，是集文学、建筑和园林等多门艺术为一体的综合艺术。

大观园占地面积极广，第十六回关于大观园的地亩方位的描述，规模近乎皇家园林，加之建筑时间的模糊性，曹雪芹借助现实园林为蓝本，设计出的大观园正是为闺阁女子的烂漫生活提供了一个屏障，宛若伊甸园，宁静、安逸、纯粹、无邪。

大观园中可居住的院落极多，其中几处大的地方分给了宝玉等人居住：

蘅芜苑——薛宝钗

稻香村——李纨

暖香坞——贾惜春

紫菱洲——贾迎春

栊翠庵——妙玉

秋爽斋——贾探春

潇湘馆——林黛玉

怡红院——贾宝玉

这些院落的环境很好地体现了主人的性格特点：

1. 楹联、匾额

作为宝钗住所的蘅芜苑是大观园内一座素净的庭院，大主山支脉从蘅芜院中间穿插而过，院内不见花木，唯种奇藤异草。五间旷朗清厦，室内清雅脱俗。"蘅芷清芬"的匾额直接说明了院落特点——蘅、芷等香草环绕。

匾额诗《蘅芷清芬》云："蘅芜满净苑，萝薜助芬芳。软衬三春草，柔拖一缕香。轻烟迷曲径，冷翠滴回廊。谁谓池塘曲，谢家幽梦长。"末二句典出谢灵运《登池上楼》的"池塘生春草，园柳变鸣禽"，清新自然，又不失蓬勃生机。这首匾额诗讲的是蘅芜苑的植物及其清香，是对匾额的进一步叙述。蘅芜苑楹联和匾额的设计与宝钗冷静、清雅的性格极为匹配。

2. 植物、山水

"有凤来仪"是题潇湘馆的匾额。潇湘馆也是《红楼梦》中唯一有竹子的地方，因此它的匾额、楹联的撰写均围绕翠竹展开。第三十七回探春给黛玉玩笑时说："如今他住的是潇湘馆，他又爱哭，将来他想林姐夫，那些竹

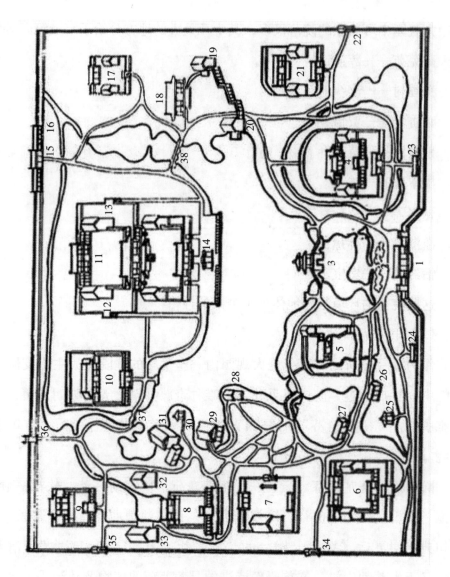

大观园模型图（杨乃济）①

1. 大门；2. 曲径通幽；3. 沁芳亭；4. 怡红院；5. 潇湘馆；6. 秋爽斋；7. 稻香村；
8. 暖香坞；9. 紫菱洲；10. 蘅芜苑；11. 大观楼；12. 含芳阁；13. 缀锦阁；14. 省亲别
墅坊；15. 后门；16. 厨房；17. 佛寺；18. 嘉荫堂；19. 凸碧堂；20. 凹晶馆；21. 栊翠
庵；22. 角门；23. 班房；24. 议事厅；25. 滴翠亭；26. 柳叶渚；27. 荇叶渚；28. 芦雪
亭；29. 藕香榭；30. 牡丹亭；31. 芭蕉坞；32. 红香圃；33. 榆荫堂；34. 角门；35. 角
门；36. 后角门；37. 折带朱栏板桥；38. 沁芳闸桥

---

① 选自《红楼梦研究集刊》第三辑,1980 年上海古籍出版社印本。

子也是要变成斑竹的。以后都叫他作'潇湘妃子'就完了。"潇湘馆的竹子暗示了黛玉"泪尽而逝"的结局。

3. 屋内陈设

屋内陈设能够很好地反映居室主人的审美情趣和性格特点。在刘姥姥游大观园这一回，曹雪芹让我们和刘姥姥一起走进了几位性格迥异的女孩子的闺房，领略了她们别样的审美意趣。

阅读任务：

1. 依照大观园模型图，还原三次大观园整体游览路线。

三次游览路线依次为：

（1）贾政带众清客及宝玉的游览路线：曲径通幽→沁芳亭→潇湘馆→稻香村→蓼汀花溆→蘅芜苑→正殿省亲别墅→栊翠庵→芦雪亭→凸碧山庄→凹晶馆→暖香坞→怡红院。

（2）元妃省亲路线：体仁沐德→蓼汀花溆→正殿省亲别墅→贾母正室→潇湘馆→怡红院→稻香村→蘅芜苑→苦海慈航。

（3）刘姥姥二进大观园贾母带领大家游览路线：沁芳亭→潇湘馆→紫菱洲蓼溆→秋爽斋→荇叶渚→花溆萝港→蘅芜苑→缀锦阁。

2. 如果甄家宝玉来大观园游要半日，你是贾宝玉，你会带甄宝玉如何游览，如何介绍？写一段符合情境设计、人物性格的导游解说词。

【古典文论支点——羚羊挂角，无迹可求】

在脂批第一回中，脂砚斋对《红楼梦》的写法作过这样的归纳："事则实事，然亦叙得有间架、有曲折、有顺逆、有映带、有隐有见、有正有闰，以至草蛇灰线、空谷传声、一击两鸣、明修栈道、暗度陈仓、云龙雾雨、两山对峙、烘云托月、背面傅粉、千皴万染诸奇。书中之秘法，亦不复少。余亦于逐回中搜剔刳剖，明白注释，以待高明，再批示误谬。"这些方法溯其根源就是严羽在《沧浪诗话》中提到的"羚羊挂角，无迹可求"。

严羽在《沧浪诗话·诗辨》中说："诗者，吟咏情性也。盛唐诸人，惟在兴趣，羚羊挂角，无迹可求。故其妙处，透彻玲珑，不可凑泊。"他还用"空中之音、相中之色、水中之月、镜中之像"来形容这种"言有尽而意无穷"的空灵玄远的诗境。曹雪芹将这种手法运用到了高超的境界，无论是谶语中暗示的家族命运、人物结局还是前后关联的情节都是如此浑然天成，无迹可求。这种诗化的气质是《红楼梦》审美风格的体现，也是作者圆熟技巧的体现，做到了"俯拾即是，不取诸邻。俱道适往，著手成春"的自然真妙。一个个情节与一层层意象之间紧致细密却又气息流动，体现了中国传统含蓄深远的艺术特点和传统小说的内在诗性气质的结合。

第四节　拓展·细读结果展示

拓展部分意在通过场景还原，完成续书。第一部分"谁最可能是脂砚斋"通过细节推测谁最可能是脂砚斋。第二部分"当曹雪芹遇到高鹗"通过拓展阅读程高续本，比照前八十回和后四十回，通过曹雪芹遇到高鹗的场景还原，将读出的差别呈现出来，客观评价程高续本。第三部分"读续本炼石补苍天"，继续延伸阅读，阅读另外几个版本的续书，最终完成续写红楼的任务。通过拓展阅读，拓宽阅读视野，关注《红楼梦》的成书过程及传播影响。走进曹雪芹，走进脂砚斋，走进高鹗、程伟元，走进《红楼梦》经典化过程中的每个重要节点。

【细读策略指导——尊重文本至上】

通过此前三节的阅读任务，我们较为全面地感受了文本细读的方法：捕捉缝隙空白，关注整体语境，感受文本自足。这一节是在此基础上，充分尊重文本至上的原则，完成续书。

文本至上的原则即以文本为中心，同时重视语境对语义分析的影响，强调并聚焦文本的内部组织结构。完成续书的过程中必须要以前八十回曹雪芹的原笔原意为依据，尊崇文本自身的价值，同时适当参考脂批提供的信息，以此为依据和标准客观评价诸多续书是否符合作者的原笔原意，从而更好地完成自己的续书。

一、谁最可能是脂砚斋

读红楼，不可不读脂批。我们已经了解到《红楼梦》有两个版本系统，其中之一就是流传八十回的脂批抄本系统。脂批系统的本子，在不同程度上保存了原著的本来面貌。脂砚斋是《红楼梦》最早的评点者，他与《红楼梦》有着千丝万缕的关系。不同版本的脂批数量不同：甲戌本有批语一千六百多条，庚辰本有批语两千多条，己卯本有批语计七百一十七条，蒙府本有批语八百三十四条，甲辰本有批语二百三十多条。

脂批是我们研究《红楼梦》最具重要价值的第一手资料，也是研究脂砚斋其人最为直接的宝贵资料。脂批不仅对《红楼梦》精湛的艺术性做了极其精辟的概括，而且还提供了作者的家世、生活、思想、创作等多方面的资料，以及八十回后部分情节线索。第二章第三节"研读·细寻情节线索"的"寻找谶语中人物命运暗示"中就借用了脂批对于十二钗图册、判词和十二曲的解读。脂批的字里行间也有意无意地透露出评点者自身的一些个人信息，给历代研究者们提供了丰富的研究素材。脂批的价值体现在史料价值和文学价值两方面，细读脂批能够很好地帮助我们找到《红楼梦》在流传过程中遗失的美好，如"秦可卿淫丧天香楼"的重要情节，如果没有脂批的存在，我们的探讨也就缺少了有力的依据。

脂砚斋到底是何许人也？至今众说纷纭。脂砚斋的身份在评语中或隐或显，从细节中不难看出脂砚斋对曹雪芹家世生平、内心世界、创作意图，以及创作过程都一清二楚，他在批语中也透露出了一些重要消息。我们先站在巨人的肩膀上，看看历代红学研究者对于脂砚斋身份的推测。

1. 脂砚斋即曹雪芹；

2. 脂砚斋是史湘云；

3. 脂砚斋是曹雪芹的堂兄弟；

4. 脂砚斋是曹雪芹身边的书童；

5. 脂砚斋是曹雪芹叔父。

在这里只给大家罗列了比较通行的几种说法。大家对于脂砚斋身份所作出的任何推测必须要有文本依据。

阅读任务：

对照阅读脂批本，关注脂砚斋批语的语气、人称、态度，从中推测脂砚斋的身份。在此基础上，以小论文的形式完成一段脂砚斋身份推测的论述，要求有理有据，表达严谨。

二、当曹雪芹遇到高鹗

张爱玲在《红楼梦魇》中直指："有人说过'三大恨事'是'一恨鲥鱼多刺，二恨海棠无香'，第三件不记得了，也许因为我下意识的觉得应当是'三恨红楼梦未完'。小时候看红楼梦看到八十回后，一个个人物都语言无味，面目可憎起来，我只抱怨'怎么后来不好看了？'……很久以后才听见说后四十回是有一个高鹗续的。怪不得！也没深究。"①

高鹗续本在学界历来褒贬不一，掌声与嘘声并存。本部分我们一起聚焦后四十回的高鹗续本，尝试还原一个场景——当曹雪芹遇到了高鹗。

我们创造这样一个机会让二人进行一次跨越时空的交流，你觉得曹雪芹

---

① 张爱玲. 红楼梦 [M]. 北京：北京十月文艺出版社，2012：6.

会对高鹗说什么？请在完成原典前八十回书册阅读的基础上拓展阅读，浏览程高续本，感受前后差异。当曹雪芹遇到高鹗，见到了高鹗的续本，会有怎样的反应？会对他说些什么呢？是欣慰感慨还是指责抱怨？

我们可以尝试从以下几个角度考量高鹗续本的优劣：

（一）人物命运

续书，特别是续曹雪芹这位文学天才的书，难度可想而知。高鹗要贴近曹雪芹的原作，根据曹雪芹的暗示为各个人物制造一个合理的结果，让前八十回的文笔和后四十回的文笔融合得没一点儿痕迹。我们可以从前八十回的诸多谶语，特别是第五回的人物判词，以及脂批提到的人物命运与八十回后对应，判断续本优劣。

（二）主题思想

有研究者把高鹗续写的《红楼梦》与曹雪芹的前八十回相比较，认为无论是思想上还是处世的态度上，都相差太远。曹雪芹的思想是达观的、厌世的，而高鹗的思想是积极的、入世的。曹雪芹的态度是自然超脱的，而高鹗的态度是功用现实的。后四十回中说教的态度、劝善规过的思想都异常明显。第八十二回甚至连黛玉都说出了劝宝玉谋求功名的话："我们女孩儿家虽然不要这个，但小时跟着你们雨村先生念书，也曾看过……况且你要取功名，这个也清贵些。"这是前八十回根本无法想象的情景，既不符合黛玉的性格，也不符合前八十回的主题。

（三）写作技法

写作技法上同样争论不断，研究者将后四十回中黛玉之死与前八十回中晴雯之死相比较，认为前者远不如后者；后四十回排场不如前八十回大，叙事也过于简单，诗词歌赋、谜语春灯的场景描写更是少到只有一次。当然后四十回也有描写精湛之处，如黛玉焚稿断情、金桂引火自焚等，可谓仁者见仁，智者见智。

在这里，我们从语言风格角度切入，看看当曹雪芹遇到高鹗，会发生怎样的"化学反应"。

我们选择的切入点为宝钗、黛玉在八十回前后的服饰。

聊到这一话题，曹雪芹可能会发表这样的观点：

我为黛玉的服饰选择了以红、白二色为主的搭配，可谓白的洁净。尤其是那件"大红羽缎对衿褂子"、"大红羽纱面的鹤氅"以及"红香羊皮小靴"设计的尤为得意。其红均为"大红"，即正红色，是为了突显黛玉内在至真至纯的精神气质。你在后四十回中也保持了黛玉服饰红色的主格调，但你选用的红色不再是单纯的大红，而是"杨妃色"，这是由一种红白调和而成的粉红色，是中间色，显得冗杂，不够纯粹。你偶尔还让黛玉头上"簪上一枝赤金匾簪"，对此我深表不满。

至于宝钗的服色，我在前八十回中选用的均为中间色——蜜合色，这是一种微黄带红的颜色；玫瑰紫是一种红中带紫的颜色；葱黄色是一种黄绿色；莲青色是一种青绿色。偶尔我也让宝钗着"大红袄"，但她是穿在衣服里面的。而在后四十回中，你对宝钗所服之色仅突出"洁白"，变繁复为纯净，是否考虑了我对宝钗性格塑造的初衷？

阅读任务：

查阅相关资料，制作曹雪芹与高鹗的对比表。了解二人的身份、经历，比较二者的异同，以此作为比较分析文本的辅助工具。

曹雪芹与高鹗对比表

人物	生卒年	籍贯	家世背景	生命轨迹	仕途经历	文学成就	……
曹雪芹							
高鹗							

仿照范例，就一个问题尝试让曹雪芹与高鹗进行跨越时空的对话，对话可以包含以下内容：

1. 对话风格：激烈、和谐、平淡……

2. 探讨角度：人物、情节、主题……

3. 涉及回目：标注具体回目

4. 至少两个回合的交流：曹雪芹质疑，高鹗解释，再质疑，再解释。

三、读续本炼石补苍天

罗兰·巴特认为，好的作品都是"可写的"，面对《红楼梦》这样一部经典的作品，任何一位读者都可能成为续书者。在所有古代名著的续书中，《红楼梦》堪称"续书之最"。其他的名著虽也有续书，但在数量上都远不如《红楼梦》。从作品问世起，续书便如雨后春笋般出现。我们姑且不论续书的质量如何，仅从数量上看，根据学者统计，《红楼梦》续书就达到了九十余种，当然，续书的盛行也与当时出版业的发展有着密切关系。这些续书整体可以分为八类[①]：

1. 程刻本续衍类：《后红楼梦》《续红楼梦》《绮楼重梦》《红楼复梦》《续红楼梦新编》《红楼圆梦》《补红楼梦》《增补红楼梦》《红楼梦补》《红楼幻梦》《红楼梦影》《续红楼梦稿》《红楼真梦》；

2. 改写、增订、汇编类：《红楼梦别本》《石头记稿》《红楼续梦》《红楼拾梦平话》《红楼四梦》；

3. 短篇续书类：《太虚幻境》《小红楼梦》《红楼残梦》《红楼余梦》《潇湘影》《红楼劫》《红楼梦逸编》《莫入非非》《新红楼》《红楼梦第 X 回》《续红楼梦》《宝黛爱情的新结局》《真假宝玉》；

4. 借题类：《新石头记》（吴趼人）、《新石头记》（南武野蛮）、《新红楼梦》、《贾宝玉秘记》；

---

① 赵建忠. 红楼梦续书研究［M］. 天津：天津古籍出版社,1997:21 - 29.

5. 外传类：《红楼外传》《司棋》《龄官》《馒头庵》《秦可卿之死》；

6. 补佚类：《红楼梦新补》《红楼佚梦》《红楼补梦》《红楼梦新续》《红楼遗事》《红楼梦的真故事》《红楼佚貂本事》及后七集电视连续剧《红楼梦》文学脚本；

7. 旧时真本类：这类续书是指在一些清人笔记、小说序跋中，常提及有一些不同于"程刻本"后四十回的"旧时真本"，这类笔记所稿真本与脂批透露的佚稿线索近似；还有一些清人笔记提供了某些"旧时真本"的收藏线索及异于前八十回的个别情节；

8. 引见书目类：指有续书今天已很难见到，但据一些清人笔记、小说序跋、禁书书目等文献记载，确有存在。

可参照第四章"延伸导航"中推荐的续书版本进行阅读。在阅读续书的过程中要放平心态，以平常心对待续书，因为绝大多数甚至全部的续书只是一般的文学作品，而非曹雪芹笔下《红楼梦》般千百年不遇的文学经典，如果以看待经典的眼光看待非经典作品，会产生较大的心理落差。没有经典就不能从质量上体现文学的成就，但如果没有非经典也就无法从数量上呈现文学的繁荣，应该说续书在《红楼梦》经典化过程中起到了至关重要的推动作用。

阅读任务：

林辰在 1985 年 2 月 26 日的《光明日报》上发表了《红楼续书之我见》中对续书下过这样的定义，广义的续书就是"对前书（包括前期短帙作品及传说）的增删、加工、补写和补撰，从而使得前书或前作得以提高、扩展、充实和完美"①。

阅读三个以上的续本，重点关注某一人物或某一情节的发展走向。要

---

① 林辰. 红楼续书之我见[N]. 光明日报,1985 – 02 – 26(1).

求：接得上，展得开，收得圆。从人物、情节、主旨入手，任选一个角度进行续写，你可以从前八十回中寻找蛛丝马迹，尝试还原曹雪芹的原笔原意。

续书时请注明以下信息：

1. 从哪续起：标明具体回目，从哪回续起，简要概括此前内容。可从八十回后续起，可从一百二十回后续起，也可以从某个关键情节后续起。

2. 整体倾向：简要说明你续书的目的，是翻转某个情节、倾心某个人物还是在表达对原有续本的不满。

3. 续书依据：续书不是凭空想象，我们要遵循曹雪芹的原笔原意，续书最后要注明推演情节、塑造人物的依据。

4. 涉及人物：鉴于红楼人物众多、体系庞大，初次续书建议大家选择从某个或某几个喜爱人物处入手，展开情节。

5. 续写片段：完成一个片段的续写，与同学交流。学有余力的同学可以多尝试几个片段，甚至完成一部自己的红楼续书。

【古典文论支点——以意逆志，知人论世】

在完成续书的过程中我们尝试站在作者的角度思考问题，尝试了解他的所思所想，走进他生活的时代，这其实就是在不自觉地使用孟子的文学观念——"以意逆志""知人论世"。

《孟子·万章上》中提到："故说《诗》者，不以文害辞，不以辞害志；以意逆志，是为得之。"[①] 就是用自己对作品的理解去推求作者的本意，即"以己之意，逆诗人之志，是为得其实矣"。"不以文害辞"的意思就是不要拘泥于文字片段的意义来理解篇章整体的意义，换言之，理解诗歌要"考其辞之终始"，注意整个文本，不要断章取义。我们尝试续书就是通过作者在文本中留下的空白，推断后续的情节发展和人物结局，尽可能还原作者的

① 朱熹. 四书章句集注[M]. 北京:中华书局,1983:306.

原笔原意。要想做到这一点就要了解作者，做到"知人论世"。

《孟子·万章下》提到："颂其诗，读其书，不知其人，可乎？是以论其世也。"这句话的本意是论述交朋友的范围问题。乡里人和乡里人交朋友，国中人和国中人交朋友，更广泛的范围，则和天下的人交朋友，也就是朋友遍天下了。如果朋友遍天下还嫌不足，那就上溯历史，与古人交朋友。对于读书来说同样如此，为了正确理解他们的诗和他们的书，就要了解写诗著书的人；要了解写诗著书的人，又离不开研究他们所处的社会时代。这就是所谓的"知人论世"。这一观点与"以意逆志"一起成为传统文学批评的重要方法，也奠定了孟子在中国文学批评史上的重要地位。如今我们阅读任何一部作品都在不自觉地进行着"知人论世"的实践，"时代背景分析""作者介绍""中心思想"都是"知人论世"或"以意逆志"的产物。想要续写红楼、判断续本优劣，就要充分了解作者和续书者，还原他们的生活状态。

做到"以意逆志""知人论世"这两点，有助于我们真正读懂《红楼梦》，尽可能缩短我们与作者的心理距离，了解曹雪芹、脂砚斋、高鹗和诸多续书者以及他们生活的时代，完成续书。

第三章

名家视点

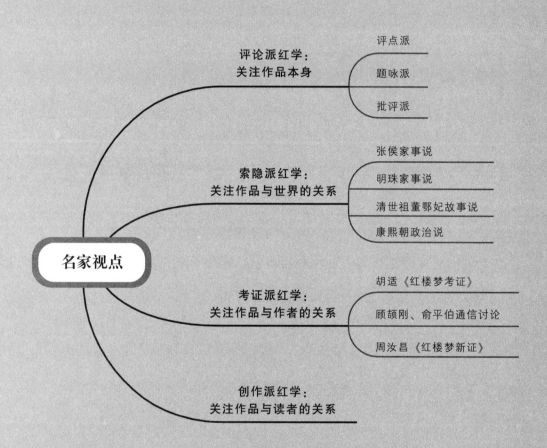

名家视点

评论派红学：
关注作品本身
- 评点派
- 题咏派
- 批评派

索隐派红学：
关注作品与世界的关系
- 张侯家事说
- 明珠家事说
- 清世祖董鄂妃故事说
- 康熙朝政治说

考证派红学：
关注作品与作者的关系
- 胡适《红楼梦考证》
- 顾颉刚、俞平伯通信讨论
- 周汝昌《红楼梦新证》

创作派红学：
关注作品与读者的关系

文学作品经典化的过程是人们对作品不断进行研究和批评的过程，本章"名家视点"借助艾布拉姆斯关于艺术批评的坐标理论，梳理红学研究诸多流派的观点与成果。接触更多名家观点，可以拓宽我们的阅读视野，也有助于我们了解学术规范。

美国当代文学理论家艾布拉姆斯在《镜与灯——浪漫主义文论及批评传统》绪论"艺术批评的诸多座（坐）标"中提出文学活动的四个要素构成：世界、艺术家（作者）、作品、欣赏者（读者）。艾布拉姆斯用图示的方式解读四要素之间的关系：

在这个以艺术家、作品、世界、欣赏者构成的框架上，我想展示各种理论进行比较。为了强调这种框架的人为性，同时使分析更加醒豁，我们可以用一个方便实用的模式来安排这四个座（坐）标。就用三角形吧，把艺术品——阐释的对象摆在中间：

尽管任何像样的理论多少都考虑到了所有这四个要素，然而我们将看到，几乎所有的理论都只明显地倾向于一个要素。就是说，批评家往往只是根据其中一个要素，就生发出他用来界定、划分和剖析艺术作品的主要范畴，生发出藉以评判作品价值的主要标准。①

这四个文学活动的要素不是彼此孤立或静止存在，而是相互依存、相互渗透、相互作用。世界、艺术家、欣赏者围绕作品这个中心，共同建立起一

---

① 艾布拉姆斯. 镜与灯:浪漫主义文论及批评传统[M]. 郦稚牛,张照进,童庆生,译. 北京:北京大学出版社,1989:5-6.

个有机的交互系统。基于四要素图示，艾布拉姆斯将文学批评进行分类，即文学批评中的作品价值说、客观世界说、艺术家说和欣赏者说。其中客观世界说、艺术家说、欣赏者说都是用作品与另外三要素的关系来解读作品，作品价值说则关注作品本身，致力于进行纯粹的文本分析。

为了更为系统地了解红学名家的观点和成果，现将红学史上影响较大的主要流派——评论派、索隐派、考证派、创作派，与艾布拉姆斯提出的四类文学批评类别——作品价值说、客观世界说、艺术家说、欣赏者说逐一对应（如下图）。

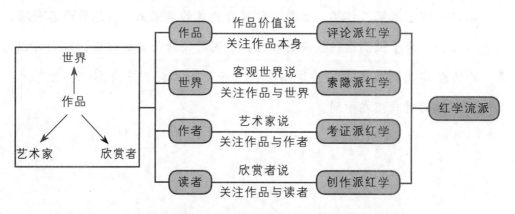

红学流派与艾布拉姆斯四类文学批评类别对应图

一、作品价值说：关注作品本身

经典之所以为经典，是因为它独特的艺术价值和深刻的思想内涵。基于作品自身的文学批评认为：研究者在评价文学作品、确定文学经典的过程中，应以文学作品的本体价值——文本价值——作为标准。在作品经典化过程中也涉及其他因素，但艺术价值标准是绝对的主导。不同的历史时期，意识形态和文化背景差异巨大，经典的文学作品之所以能够历经世事变迁、人伦更替依然经久不衰，是因为文本自身的价值和魅力。

坚守作品自身价值的红学流派是评论派红学，评论派以不同形式存在于新旧红学的不同阶段。旧红学中的题咏派、评点派，新红学中的文学鉴赏派、批评派、百科全书派等均属于广义评论派。评论派尊重作品本身，坚持文学本位，从艺术价值、思想内涵、社会生活、情感体验等角度解读原著，研究《红楼梦》的思想主题、艺术特色、人物形象、情节推演、文化内涵、写作方法等。

二、客观世界说：关注作品与世界的关系

客观世界说强调世界的意识形态和文化控制对文学作品的作用。在四要素中，"世界"的范围最大，"艺术家""欣赏者"都生活在具体的客观世界中，"作品"也是对"世界"的镜像反映，因此客观世界说强调世界对作品的重要影响。现代文化研究认为，社会意识形态和文化控制是一只看不见的手，但却实实在在地影响着生活在其间的每一个人。文学作品同样无法免于社会意识和文化控制的作用。

索隐派红学将目光聚焦于客观世界。索隐派又称政治索隐派，透过字面探索作者隐匿在书中的真人真事和历史本源。索隐派在乾嘉时期经学考据风的影响下，通过大量烦琐的考证，从小说的情节和人物中考索出"所隐之事，所隐之人"。

三、艺术家说：关注作品与作者的关系

艺术家说认为，在文学作品经典化过程中不应仅关注作品的创造者，还应该关注理论家与批评家。较之普通读者，创作者、理论家、批评家联合构成了坐标中的专业人士。他们认为文学阅读本身是极其复杂的活动，普通读者虽然能对文本的浅层含义有所体会，但却不易触及深层内涵，需要专业的解读。艺术家以专业的素养、精深的见解、广阔的视野，引领大众读者选择经典，阅读经典，深入体会经典。对于一般读者来说，接触专业阅读越多，

越能加深对作品的理解，提升综合阅读能力。

红学研究流派中关注作者的是考证派。考证派是新红学第一大重要流派，坚守史学本位，运用杜威实证主义方法，致力于考证曹雪芹家事、《红楼梦》版本和成书过程，也就是艺术家说中关注的"创作者""理论家""评论者"。

四、欣赏者说：关注作品与读者的关系

欣赏者说强调读者的重要性，认为文学既是作者的创作，也是读者的阅读，双方构成了一种积极的互动。罗兰·巴特在《作者之死》中提出了作品在完成之际，作者就已经死亡，剩下的理解和分析就是读者的权利。唯有作者死亡，读者才能诞生，所有阅读活动都是读者心灵与文本的对话，价值就在这个过程中被创造出来。在文学作品经典化过程中，专业和非专业读者都扮演了举足轻重的角色。欣赏者说认为，文学的历史性不是基于后来建立起来的文学事实关联，而是基于由读者先前所获得的文学作品经验。读者与作品的对话关系才是首要事实，欣赏者的偏好、能力、水平会反作用于创作过程和作品经典化过程。

创作派红学即从事《红楼梦》相关文艺创作的流派，给了欣赏者更多影响作品的机会。大量的续书、原创、译著、仿作甚至衍生艺术都归属于创作派红学。

第一节　评论派红学：关注作品本身

评点派是红学界辈分最高、资格最老的学派。旧红学时期，脂砚斋的评论在《红楼梦》创作过程几乎同步进行，可谓红学的开山鼻祖。清代学者王希廉、张新之、姚燮评点的《红楼梦》在红学史上占有重要地

位。新红学时期，国学大师王国维的《红楼梦评论》是当代红学的开山之作。

评论派是基于《红楼梦》文本，对于人物、情节、语言、手法、主题等进行分析解读。这是红学研究的基础也是必由之路，在红学史上评论派不像有些流派一样红极一时，它始终以主体的身份和红学共存。它在不同历史时期有不同的表现形式，旧红学时期以评点派、题咏派为主，新红学时期以批评派为主。

一、评点派

评点是一种非常传统的古典小说评论方法，多是随感式的评论，评点者在阅读时偶有所感便批在书中相应位置。评点派是古典小说批评中最为常见的形式，评点派起源较早，明代中期盛行，清代达到巅峰。

《红楼梦》的博大精深决定了它的评点超越了我国古代对诗文、小说以及其他戏曲书画的评点。评点派从理论上延续了古代文学的评点方式，既使用传统中国文学史上评点的方法，又创造其他新的评点方法，帮助普通读者理解作品。

传抄时期的评点是曹雪芹和脂砚斋的互动过程，评点影响着《红楼梦》文本的创作。从目前能够见到的脂砚斋评点中，可以看到有这五个人同时存在：脂砚斋、畸笏叟、常（棠）村、梅溪、松斋。玉蓝坡、立松轩、鉴堂、绮园等则比前面五人要稍晚一些出现。

19 世纪王希廉、姚燮、张新之被称为三大评点家，其中王希廉的评点较有特色。王希廉，字雪芗，又作雪香，号护花主人，别号护花使者。他的《新评绣像红楼梦全传》对《红楼梦》进行了全面而全新的评点，在红学史上影响深远。

王希廉注重小说评点劝诫教化的功能，认为小说在劝善惩恶、宣言仁义道德上并不逊色于经史诸子书。他认为《红楼梦》这类小说存在的意义在于思想价值，而非艺术价值与审美价值。这种对《红楼梦》教化功能的重视，在他的评点中随处可见。如第二十三回总评中："宝玉一见小说、传奇，便视同珍宝，黛玉一见《西厢》，便情意缠绵。淫词艳曲移人如此，可畏！可畏！"①

二、题咏派

题咏派是旧红学的主要派别。主要代表性人物有叶崇伦、唤明等，代表性作品有《红楼梦题词》《金陵十二钗咏》。题咏派关注作品中的诗、词、赋、赞，是对《红楼梦》随感而发的评点，流传至今的数千首题咏作品是红学研究中的宝藏，其中蕴含关于《红楼梦》作者、版本、佚稿等多方面的文献史料，待深层次挖掘。关注题咏派研究是深入了解《红楼梦》创作观念、审美倾向和传播影响的有效途径。

一粟编《红楼梦资料汇编》时著录了七十余家题咏《红楼梦》的诗、词、赋、赞近千首，他认为如果剔除《红楼梦》的续书、戏曲、专著、诗词等等的卷首题词，以及追和《红楼梦》原作的诗词作品，至少还有三千多首。胡文彬据《清人诗集叙录》《全清散曲》《辽海景物诗选》《近代词钞》《红楼梦叙录》等文献选取出大量诗、词、曲等咏红作品，他还发现了日本森槐南的多首咏红诗，为研究《红楼梦》传播史的学者提供了珍贵的资料。

明义"安得返魂香一缕，起卿沉痼续红丝"②表达了读者渴望"补恨"的愿望。徐庆治的《红楼梦排律》中咏及黛玉、宝玉部分，颇有特点：

（苦绛珠魂归离恨天得归字）　离恨天何在？香魂去绣帏。绛珠徒自苦，

---

① 朱一玄. 红楼梦资料汇编[M]. 天津:南开大学出版社,1985:563.
② 一粟. 红楼梦资料汇编[M]. 北京:中华书局,2008:12.

黄土不同归。病骨知谁瘗，芳心与世违。年华吸逝水，院落泣斜晖。缥缈神先往，凄凉泪独挥。回头空色相，撒手破愁围。弱草三生证，名花一样飞。乘鸾来幻境，金石悔前非。

　　（病神瑛泪洒相思地得瑛字）　　洒尽相思泪，还将病骨撑。不堪来旧地，无那是神瑛。回首欢难续，伤心睡未成。斑添修竹湿，愁和落花萦。小谪应怜我，长眠最恸卿。支离慵举步，寂寞暗吞声。怨恨空千古，姻缘误一生。蕊官仙可证，握手诉痴情。①

　　徐庆治将宝玉的悲剧简单归结为"姻缘误一生"，对于曹雪芹要通过这位"诸艳之贯"表现的主旨而言，虽不够全面，也算不得深刻，但表现了读者在阅读上接受"重情"的情感倾向。

三、批评派

　　新红学中的批评派特别关注作品本身的价值，对《红楼梦》进行主体价值学阐释，推进了红学的发展，也回归了研究的正轨。

　　小说批评派红学以王国维的《红楼梦评论》为发端，这篇文章以哲学与美学的观点为衡量标准，比蔡元培的《石头记索隐》早十三年，比胡适的《红楼梦考证》早十七年。王国维认为《红楼梦》以描写人生为事，它的创作本旨是宣传人生之苦痛及解脱之道，它的美学价值是悲剧中的悲剧，它既不是由于恶毒之极人物在支配全局，又不是由于出现了意外的变故，只是通常道德、通常人情、通常境遇，结果却产生了的大悲剧。

　　王国维《红楼梦评论》的发表掀起了一波批评派热潮，季新的《红楼梦新评》（1915 年）、佩之的《红楼梦新评》（1920 年）、吴宓的《红楼梦新谈》（1920 年）等相继问世。他们或认为《红楼梦》是揭露封建宗法之

---

① 　一粟. 红楼梦资料汇编[M]. 北京：中华书局,2008:526.

弊害的小说，或认为《红楼梦》是描写和批评社会问题的小说，或直接援引西方小说观点，认为《红楼梦》的宗旨之正大、范围之宽广、结构之谨严、事实之繁多、情景之逼真、人物之生动，皆不在西方小说之下。

陈觉玄的《红楼梦试论》（1948 年）联系清中叶的社会背景和时代思潮来考察《红楼梦》的思想性质，认为《红楼梦》反映了当时的启蒙思潮，在众多小说批评派中颇有新意。

第二节　索隐派红学：关注作品与世界的关系

索隐派是旧红学的中坚力量，发源于清乾隆年间的杭州，始盛于浙西。索隐派的开山鼻祖当推周春，他认为《红楼梦》叙"金陵张侯家事也"，但这种观点在红学中并未泛起波澜。索隐派对后世影响较大的观点有"明珠家事说""清世祖与董鄂妃故事说""排满说"等。这些观点都是用正史、稗史乃至野史中的资料与《红楼梦》对应附会。

一、张侯家事说

周春，字芚分，号松霭，晚号黍谷居士，又号内乐村叟，海宁盐官人。清乾隆十九年（1754 年）进士，在家候选的十余年间，潜研经史，后授广西岑溪县知县，颇有政绩。因丁忧去职，岑溪人建祠以祀。父死后，不出仕，家居三十多年，专心著述。周春学识渊博，涉猎广泛，博学好古，精通韵学，著作等身：音韵学方面有《十三经音略》《杜诗双声叠韵谱》《小学馀论》；经学方面有《古文尚书》《尔雅广疏》等；史学方面有《西夏书》《代北姓谱》《辽金元姓谱》《辽诗话》等；地方掌故有《海昌胜览》《海昌拾遗》《海昌掌故录》。周春是最早研究《红楼梦》的学者之一，乾隆五十九年（1794 年）写出我国第一部红学专著《阅〈红楼梦〉随笔》，开索隐派先河。

周春认为《红楼梦》是写金陵张侯的家事，即"张侯家事说"。《阅〈红楼梦〉随笔》开篇《红楼梦记》中阐明了这一观点：

乾隆庚戌秋，杨畹耕语余云："雁隅以重价购钞本两部：一为《石头记》，八十回；一为《红楼梦》，一百廿回，微有异同。爱不释手，监临省试，必携带入闱，闽中传为佳话。"时始闻《红楼梦》之名，而未得见也。壬子冬，知吴门坊间已开雕矣。兹茗估以新刻本来，方阅其全。相传此书为纳兰太傅而作。余细观之，乃知非纳兰太傅，而序金陵张侯家事也。忆少时见爵帙便览，江宁有一等侯张谦，上元县人。癸亥、甲子间，余读书家塾，听父老谈张侯事，虽不能尽记，约略与此书相符，然犹不敢臆断。①

周春认为《红楼梦》写的是金陵张侯家事，用《曝书亭集》《池北偶谈》等书中记载作为"张侯家事说"的证据，并给出了人物的对应关系。周春学识渊博、治学严谨，引经据典，言之凿凿，但"金陵张侯家事说"在索隐派中并没有引起足够重视。他所否定的"明珠家事说"在索隐派红学中影响最大。

二、明珠家事说

据赵烈文《能静居日记》载，"明珠家事说"的提出者是清高宗乾隆：

谒宋于庭丈（翔凤）于葑溪精舍，于翁言："曹雪芹《红楼梦》，高庙末年，和珅以呈上，然不知所指。高庙阅而然之，曰：'此盖为明珠家作也。'后遂以此书为珠遗事。"②

从这段表述中可以看出赵烈文是从宋翔凤那里听来的，其真实可靠性殊

① 一粟. 红楼梦资料汇编[M]. 北京:中华书局,2008:66.
② 一粟. 红楼梦资料汇编[M]. 北京:中华书局,2008:378.

难判断，也无从考证。而关于这一说法的记载却屡见不鲜，如英浩《长白艺文志》、叶德辉《书林清话》、张维屏《松轩随笔》等，可见这一观点在当时影响之深。

明珠家事说之所以流传甚广，有三个主要原因：一是明珠家事说语出乾隆，虽无从考证，但君王的权威性无可撼动。二是明珠家荣枯与贾府盛衰有相似之处，都享受了"烈火烹油""鲜花着锦"的鼎盛，也经历了抄家没落的悲惨结局。三是纳兰容若才华出众，风流倜傥，与贾宝玉有相似之处。

明珠家事说的支持者以纳兰性德即贾宝玉为推论原点，从贾宝玉与诸多女子的关系入手，考证纳兰性德的情感经历，他们认为太虚幻境就是皇宫，宝玉神游太虚幻境就是纳兰性德进宫幽会心上人，却无法接近心上人，遂怅然离开。他们还以纳兰性德就是宝玉、明珠就是贾政为前提，将金陵十二钗等重要人物一一对应，认为"金陵十二，皆纳兰侍御所奉为上客者也"，实际上纳兰性德的侍御都是男性。

明珠家事说的支持者所持的论据细思起来破绽百出，甚至自相矛盾。首先，明珠家由盛到衰的遭遇虽与贾家的遭际相似，但清初至康熙朝之间盛极而衰的大家族岂止明珠一家？其次，纳兰性德与贾宝玉虽然才情近似，但清初至康熙朝之间与宝玉才情近似者岂止纳兰性德一人？再次，金陵十二钗"皆纳兰侍御所奉为上客者"的说法只要略作勘查就会发现其中问题，很多学者已经进行了有力的反驳。

索隐派研究者钱静方在《红楼梦考》中引用《金缕曲·亡妇忌日有感》《于中好·十月初四夜风雨其明日是亡妇生辰》《南乡子·为亡妇题照》，认为其是宝玉悼念黛玉之作，因为从中可读出"闺房内致缠绵之意"，对此，胡适给予了有力的批驳："至于钱先生说的纳兰成德的夫人即是黛玉，似乎更不能成立。成德原配卢氏，为两广总督兴祖之女，续配官氏，生二子一女。卢氏早死，故《饮水词》中有几首悼亡的词。钱先生引他的悼亡词来附会黛玉，其实这种悼亡的诗词，在中国旧文学里，何止几千首？况且大都是千篇一律的东西。若几首悼亡词可以附会黛玉，林黛玉真要成了'人尽可夫'了。"①

三、清世祖董鄂妃故事说

王梦阮、沈瓶庵《红楼梦索隐》(1916 年)，蔡元培《石头记索隐》(1917 年)，邓狂言《红楼梦释真》(1919 年) 等三部索隐之作的相继问世将索隐派红学推向了高潮。

《红楼梦索隐》分两部分，第一部分"红楼梦索隐提要"是全书的纲领性部分，也是主体性部分。在这一部分中，作者将他认为书中所隐之人、所隐之事一一总括。第二部分是程甲本一百二十回原文，作者将具体人和事的索隐以夹批或回末注的形式写在各回正文的相应位置。

《红楼梦索隐·自序》中有言：

如世所传《红楼梦》一书者，其古今之杰作乎？大抵此书改作，在乾嘉之盛时；所纪篇章，多顺康之逸事。特以二三女子，亲见亲闻；两代盛衰，可歌可泣。江山敝屣，其事为古今未有之奇谭；闺阁风尘，其人亦两间难得之尤物。听其湮没，则忍俊不禁；振笔直书，则立言未敢。于是托以演义，杂以闲情，假宝黛以况其人，因荣宁以书其事。……不佞谬参正谛，剖集遗闻。由假悟真，信太上以忘情为贵；即隐求事，如酸泪非作者之痴。遂敢洞抉藩篱，大弄笔墨。钩沉索隐，矜考据于经生；得象忘言，作功臣于说部。②

王梦阮认为在《红楼梦》虚幻故事背后隐藏了一段宫闱秘史——清世祖与董鄂妃的爱情故事。贾宝玉就是清世祖顺治，林黛玉就是董鄂妃，即秦

① 胡适. 红楼梦考证[M]. 北京：人民文学出版社,1973:9.
② 朱一玄. 红楼梦资料汇编[M]. 天津：南开大学出版社,1985:914 – 915.

淮名妓董小宛。

文学作品源自生活，是对现实世界的反映。人物形象是作家用典型化方法塑造出来的，会带有现实的影子。王梦阮红学理论将作品中的典型的人物还原为历史上实有的具体的人，并考证"隐"的是什么历史人物。简言之，就是一人"隐"一人，多人"隐"一人，一人"隐"多人。这样一来就会出现大量广征博引，进而出现穿凿附会，甚至不能自圆其说的情况。按照这种理论研究《红楼梦》会陷入牵强附会、生拉硬扯的窘境，太多研究者已对其理论进行了分析和考证，指出其弊端。但客观来说，王梦阮的《红楼梦索隐》在评论和解析书中一些人物形象的心理状况、写作手法等方面，的确入木三分，令人拍案叫绝，这些令人称道之处可以作为文本分析的借鉴。

四、康熙朝政治说

"康熙朝政治说"更突出了索隐派的政治倾向。清朝末年，西方帝国主义列强入侵中国，清政府无力抵抗，中国面临被列强瓜分的危险。中国民主主义、民族主义思想抬头，一些具有资产阶级民主革命思想的学者文人从反清斗争着眼，借《红楼梦》来宣传民族主义思想。

"康熙朝政治说"的代表人物是蔡元培，他在《石头记索隐》中指出《红楼梦》为政治小说，"《石头记》者，清康熙政治小说也。作者持民族主义甚挚"[1]。蔡元培从"红"字入手，逐层推论《红楼梦》政治倾向，认为"书中红字多影朱字。朱者明也，汉也。宝玉有爱红之癖，言以满人而爱汉族文化也；好吃人口上胭脂，言拾汉人唾余也"[2]。蔡元培认为林黛玉影射朱竹垞、薛宝钗影射高江村、探春影射徐乾学、王熙凤影射余国柱……将

---

[1][2] 朱一玄.红楼梦资料汇编[M].天津:南开大学出版社,1985:919.

《红楼梦》中人物逐一对应历史人物。

蔡元培声称自己的索隐与一般的索隐家是不同的，他自己的"索隐"依据三条原则：一是品性相类，二是轶事有征，三是姓名相关。他的论证的确运用了这三个原则，也的确有史料佐证，但是也的确经不起推敲。三个原则中的"品性相类"与"姓名相关"，无非是在玩谐音或拆字游戏。而"轶事有征"，则是用史料与《红楼梦》中有关情节进行对比，推求这些人物是如何影射的。这个方法是科学的，但是他引用的史料不可靠，显然无法自圆其说。

除上述四种说法外，关注作品与世界的索隐派红学还有其他说法：和珅家事说、傅恒家事说等。索隐派虽然说法各异，但都不能自圆其说，漏洞百出，掺杂过多主观臆断和牵强附会，故后来的研究者对索隐派评价不高。刘梦溪认为索隐派的致命弱点在于"求之过深"，以为一切都有来历、小说所有人物都有相应的影射对象，最终走向"扩大化和琐细化的不良后果"。红学索隐派的确有很多缺点，很多说法也难以让人接受，但是不可否认索隐派在红学史上是有贡献的，在一定意义上，它深化了《红楼梦》研究，扩大了《红楼梦》的影响。

第三节　考证派红学：关注作品与作者的关系

考证派红学是红学史上影响最大、实力最雄厚的派别。考证派是以考据方法研究《红楼梦》作者和版本的学派。考证派红学的创始人是胡适，他把《红楼梦》研究纳入科学系统考证的道路，赋予红学考证以特殊的对象、范围和方法，并逐渐发展为一种在社会上有广泛影响的学派。考证派红学队伍相当庞大，除胡适、俞平伯、周汝昌之外，还有一批有影响的学者，可以说考证派将红学推到了显学的地位。

一、胡适《红楼梦考证》

对于当代读者来说，《红楼梦》的作者是曹雪芹毋庸置疑。但《红楼梦》的作者问题在红学界是存在过争议的。自从胡适考证出《红楼梦》的作者是曹雪芹后，这一争论才基本平息。如今曹雪芹被绝大多数红学家公认为《红楼梦》作者，胡适功不可没。

胡适一生的学术领域涉及哲学、政治、文学思想、哲学史、文学史、考据学，每个领域都不只是浅尝辄止。他从小接受中国传统教育，对古代文化和古典文学有着浓厚的兴趣和深厚的功底。1910 年胡适赴美留学，师从美国著名实验主义学者杜威，受到杜威实证主义思想的影响。他于 1921 年发表《红楼梦考证》，用科学考证的方法研究《红楼梦》。

《红楼梦考证》中胡适首先指出了索隐派的问题：

《红楼梦》的考证是不容易做的，一来因为材料太少，二来因为向来研究这部书的人都走错了道路。他们怎样走错了道路呢？他们不去搜求那些可以考定《红楼梦》的著者，时代，版本等等的材料，却去收罗许多不相干的零碎史事来附会《红楼梦》里的情节。他们并不曾做《红楼梦》的考证，其实只做了许多《红楼梦》的附会！①

胡适依次从研究方法、史料文献、分析论证等角度反驳了王梦阮《红楼梦索隐》中提出的清世祖董鄂妃故事说、康熙朝政治说和明珠家事说，认为"我们若想真正了解《红楼梦》，必须先打破这种种牵强附会的《红楼梦》谜学！"随后胡适又考证了《红楼梦》的版本问题，证明了《红楼梦》的后四十回确然不是曹雪芹所作，并且客观评价了高鹗的续本，认为续书"虽然比不上前八十回，也确然有不可埋没的好处。他写司棋之死，写鸳鸯

---

① 胡适. 胡适红楼梦研究论述全编[M]. 上海：上海古籍出版社，1988：75.

之死，写妙玉的遭劫，写凤姐的死，写袭人的嫁，都是很有精采（彩）的小品文字。最可注意的是这些人都写作悲剧的下场。还有那最重要的'木石前盟'一件公案，高鹗居然忍心害理的教黛玉病死，教宝玉出家，作一个大悲剧的结束，打破中国小说的团圆迷信。这一点悲剧的眼光，不能不令人佩服"①。

除考证了曹雪芹为《红楼梦》作者外，1921 至 1961 年的四十年间，胡适共对曹雪芹的生卒年进行了六次考证，其考证过程反映了"新红学派"对曹雪芹生卒年研究的学术演变历程，同时也彰显了胡适"寻找证据，尊重证据，让证据说话"的学术品格。

二、顾颉刚、俞平伯通信讨论

1921 年，顾颉刚与俞平伯频繁通信，讨论《红楼梦》研究中的诸多问题，内容涉及作者及其家世考证、高鹗及续书考证、小说思想内容考证、"旧时真本"的考证、大观园与《红楼梦》地点的考证以及有关红学人物与著述的研究等。这些讨论形成了考证派《红楼梦》研究的基本观点，奠定了新红学的学术根基。

顾颉刚与俞平伯不但通过大量资料考证了曹雪芹的家世和生平，而且还从一些历史文献中考证出了高鹗的基本情况。顾颉刚和俞平伯从前八十回中的线索与伏笔中，辨证后四十回续书依据与失误，进而考证人物的命运与结局，勾勒出八十回后的基本轮廓。这种从文本出发进行考证的探佚研究，对展示《红楼梦》原著的整体面貌、探讨曹雪芹《红楼梦》创作的完整艺术构思有着重要意义。

顾颉刚在 5 月 17 日的回信中，列举了高鹗后四十回续书关于抄家和重

---

① 　胡适等. 细说红楼梦［M］. 北京:蓝天出版社,2006:25.

兴的情节在前八十回中的根据。

（戊）贾氏的抄家：

1. 警幻道："适从宁府经过，偶遇荣、宁二公之灵，嘱吾云：'吾家自国朝定鼎以来，功名奕世，富贵传流，已历百年，奈运终数尽，不可挽回。……'"（第五回）

2. 凤姐梦见可卿同他说，"莫若依我定见，趁今日富贵，将祖茔附近，多置田庄房舍地亩，以备祭祀供给之费皆出自此处；……便是有罪，他物可入官，这祭祀产业连官也不入的。"（第十三回）

（己）贾氏的重兴：

凤姐梦可卿同他说，"如今我们家赫赫扬扬，已将百载，一日倘或乐极生悲，若应了那句'树倒猢狲散'的俗语，岂不虚称了一世的诗书旧族了！"凤姐听了此话，十分敬畏，忙问道，"这话虑的极是，但有何法可以永保无虞？"秦氏冷笑道，"婶婶好痴也！否极泰来，荣辱自古周而复始。……"①

随后顾颉刚分析了贾府衰败的原因，认为"便不经抄家，也可渐渐的贫穷下来"，高鹗执着于秦可卿的一句话，便丢掉了许多事实。接着顾颉刚便向俞平伯具体陈述贾府不经抄家也可衰败的事实，共列了八条，归纳为三项：一是排场太大，又收入小，外貌虽好，内囊渐干。二是管理宁府的贾珍，管理荣府的贾琏，都是浪费的巨子。其他子弟也都是纨绔气习很重。一家中消费的程度太高，不至倾家荡产不止。三是为皇室事件耗费无度。

由于这些原因，贾家这个大家族终于分裂开来，败产倾家，最终树倒猢狲散。顾颉刚的这个分析可以说是十分的明晰透彻。实际上《红楼梦》中的贾家确实一开篇就已经落入了"百足之虫，死而不僵"的境地，虽然表面还气象峥嵘，实则已"内囊渐干"。君子之泽，五世而斩，贾家衰败实属

---

① 中国艺术研究院,红楼梦学刊编辑委员会. 红楼梦学刊:1981 年第 3 辑[M]. 天津:百花文艺出版社,1981:183 - 184.

必然，一切在富丽堂皇中、笑语歌声里、钟鸣鼎食中的浮华终将无声无息地垮下去。这些基于文本和史料的分析在顾颉刚和俞平伯的通信中随处可见，体现了考证派学者运用科学的方法、不做盲从的行为的规范而严谨的治学精神。

三、周汝昌《红楼梦新证》

20 世纪 80 年代，周汝昌发表了《什么是红学》一文，对"红学"作出明确的界定，他认为"红学"以曹学为中心，包括版本学、脂学、探佚学等专学，简称"四学"，把"《红楼梦》研究"排斥在"红学"之外。随后周汝昌又在《"红学"和"〈红楼梦〉研究"的良好关系》一文中明确指出"红学"与"《红楼梦》研究"是两回事，他把"红学"与"《红楼梦》研究"，一个比作耘麦，一个比作植桑；一个比作修路，一个比作盖房。这两个生动的比喻清晰地阐明了考证派红学对"红学"研究内容的界定，进一步阐明了以曹学为中心，包括版本学、脂学、探佚学等专学的红学，是《红楼梦》文本研究的基础。

周汝昌的《红楼梦新证》被誉为红学考据的代表性著作。这部著作根据胡适《红楼梦考证》的基本框架，对《红楼梦》作者曹雪芹的生平身世、家庭状况、时代背景以及《红楼梦》的版本演变流向等重大问题进行了深入细致的具体考证，为人们提供了较为丰富而翔实的历史文献资料，为红学研究的发展繁荣做出了贡献，应予以充分肯定。周汝昌的《红楼梦新证》强调科学性，他认为："现在这一部考证，唯一的目的即在以科学的方法运用历史材料证明写实自传说之不误。"①

周汝昌在《红楼梦新证》中对脂砚斋的身份进行了推断和分析。他梳

---

① 周汝昌．红楼梦新证[M]．上海：棠棣出版社，1953：566．

理了学界对于脂砚斋身份的判定，认为脂砚斋和小说创作过程有极密切的关系。除此之外，周汝昌对"脂砚斋"和"畸笏叟"是否为一人进行了考证。他在《红楼梦新证》中提出："我因此便疑心畸笏之人、恐怕还就是这位脂砚，不过是从庚辰以后，他又采用了这个新别号罢了。"①

周汝昌提出了"自传说"，他将曹雪芹和贾宝玉当作同一个概念来使用，把现实中的曹家和小说中的贾家当作一家来分析。其中《人物考》和《雪芹生卒与红楼年表》两章，明确了考证派红学已蜕变为曹学。

胥惠民在《论周汝昌先生"写实自传说"的失误》一文中指出周汝昌以"精裁细剪的生活实录"为基础所构建的"写实自传说"在三大问题上存在难以弥合的破绽：一是在贾宝玉即曹雪芹问题上存在破绽；二是把贾府当成曹家存在着破绽；三是把恭王府当作大观园遗址存在破绽。② 周汝昌的观点也是存在讨论空间的。

第四节　创作派红学：关注作品与读者的关系

创作派红学关注作品与读者的关系，和《红楼梦》相关的艺术创作均属其中。与前面提到三个流派不同，创作派红学没有清晰的流派范围和名家专著，任何与《红楼梦》相关的文学艺术作品都可看作是创作派。

创作派红学的研究从清代已经开始，研究者从序跋、杂文入手，分析续书的创作目的和写作手法。创作派用各种方式补壁都是基于对原著的挚爱。创作派的参与者多有憾于《红楼梦》是一部"遗恨书"，而幻想最终结局为"宝黛团圆"，"贾府复兴"。作者无不希望自己的著作能和曹作《红楼梦》

---

① 周汝昌. 红楼梦新证[M]. 上海:棠棣出版社,1953:544.
② 胥惠民. 论周汝昌先生"写实自传说"的失误[J]. 河南教育学院学报(哲学社会科学版),2003(3):17－27.

一起流传千古，往往对己作有溢美之词。总的来说，清人对《红楼梦》续书的评论虽然也有关于价值的论述，但总体上仍停留于零散的、不成体系的只言片语，尚未将这些品评上升到理论的高度，从研究方法来讲，也无外乎是曹雪芹原著《红楼梦》与续书之间文本上的比较，有时观点也很片面。

随着时代的发展，新红学时期的创作派学者有机会接触西方的新理论、新观点。王国维从民族心理特征角度出发，得出国人的乐观精神引发了文学领域的乐观主义色彩的结论。《红楼梦》这部彻头彻尾之悲剧，引发了人们对圆满结局的期待，大团圆结局的创作由此产生。这也是创作派红学产生的情感文化根源。

鲁迅的《中国小说史略》是中国人作的第一部中国小说史，对于《红楼梦》续书"乐观的国民性"的问题展开论述，他认为续书者对"团圆结局"的钟爱背后隐藏的盲目乐观的传统文化心态揭示得淋漓尽致，这对时人从社会心理角度研究《红楼梦》续书有很大帮助。

除王国维、鲁迅外，现当代学者对创作派的研究都投入了很大的热情。俞平伯在他的《红楼梦研究》中说"《红楼梦》是部没有完全的书，所以历来人都喜欢续他"，从高鹗以下，"续《红楼梦》的人如此之多，但都是失败的"。① 由此，还总结出了一个论点：不仅《红楼梦》不能续，"凡书都不能续"，因为：

凡好的文章，都有个性流露，越是好的，所表现的个性越是活泼泼地。因为如此，所以文章本难续，好的文章更难续。为什么难续呢？作者有他底个性，续书人也有他底个性，万万不能融洽的。不能融洽的思想、情感，和文学底手段，却要勉强去合做一部书，当然是个四不像。故就作者论，不但反对任何人来续他底著作；即是他自己，如环境心境改变了，也不能勉强写

① 俞平伯. 红楼梦研究[M]. 北京:人民文学出版社,1973:1.

完未了的文章。①

俞平伯从红楼续书的失败谈起，延伸到文学创造，指出文学创造中作者个性的体现是很有价值的。创作派实践者和研究者都在此基础上进行着自己的努力。

梁启超在《清代学术概论》里提到：

凡"思"非皆能成"潮"；能成"潮"者，则其"思"必有相当之价值，而又适合于其时代之要求者也。凡"时代"非皆有"思潮"，有思潮之时代，必文化昂进之时代也。其在我国，自秦以后，确能成为时代思潮者，则汉之经学，隋唐之佛学，宋及明之理学，清之考证学，四者而已。②

以此为标准衡量红学诸流派会发现，不同时期的红学流派均有其独立存在的价值，但只有将这些流派汇集起来，才能以"红学"思潮的形式存在于世。《红楼梦》博大精深，基于文学四要素展开分析的四个主要流派从不同角度拓展了红学研究的学术空间，各有所长，各具特色。由于任何一种研究范式都有它自身的局限，所以多视角的红学研究具有互推互补性。以文本研究为基础，实现作品世界、作者、读者三者融通和创新，是红学流派发展的趋势。对于读者来说，如果能够从"内部研究"入手学习评论派的微观分析方法，再借鉴一些索隐派、考证派关于红学"外部研究"的成果和创作派的艺术衍生，定会加深对《红楼梦》的理解与认识。

---

① 俞平伯. 红楼梦研究[M]. 北京：人民文学出版社，1973：2 - 3.
② 梁启超. 清代学术概论[M]. 上海：上海古籍出版社，1998：1.

第四章

延伸导航

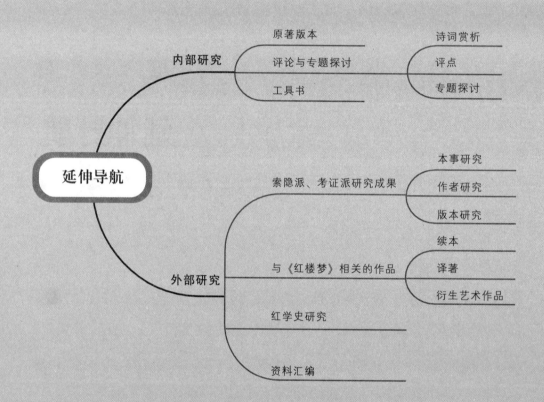

延伸导航

内部研究
- 原著版本
- 评论与专题探讨
- 工具书

- 诗词赏析
- 评点
- 专题探讨

外部研究
- 索隐派、考证派研究成果
- 与《红楼梦》相关的作品
- 红学史研究
- 资料汇编

- 本事研究
- 作者研究
- 版本研究

- 续本
- 译著
- 衍生艺术作品

　　《红楼梦》相关研究之所以称为"红学"，是因为其体系庞大，渊源久远，涉及面广。作为一般读者，仅从消遣阅读的角度出发会遇到不少障碍，草草略过难免错失精彩，辜负作者一片匠心。对于刚刚接触甚至从未接触过《红楼梦》原著的中学生来说，任何一个小困惑都可能影响整体阅读，任何小问题都可能牵扯出一个大的红学争论焦点和延绵多年的复杂的学术探讨。想要解决这些问题，就需要阅读研究文献，进行拓展阅读，站在前人的肩膀上加深对作品的理解，拓宽阅读视野。初步了解红学体系和红学研究基本现状，对研究名家、观点、成果有一个相对系统、清晰的认识，为自主阅读打下良好基础。在此基础上依据阅读需要，进行更有针对性的拓展阅读有助于中学生初步接触学术训练，了解学术规范，最终实现由普通读者向专业读者的转型。

第一节　内部研究

　　内部研究专指针对原著的研究，即为阅读原著时可能遇到的问题提供支持和帮助。这部分的参考书目可以理解为日常学习中的教材、教学参考书和工具书，初读者依据自己的情况选择不同版本的原著，阅读中产生困惑可以参阅相关参考书，遇到障碍可以借助相关工具书。若还有问题无法解决或产生更深层次的思考可以随书批注，记录下来，留待"外部研究"时解决。

一、原著版本

　　现存的《红楼梦》有两个版本系统：一是仅流传八十回的脂批抄本系统；一是经程伟元、高鹗整理补缀的一百二十回印本系统。现存的脂批本，在不同程度上保存了原著的本来面貌，可以从中窥见曹雪芹的创作原貌。建议两版本系统对照阅读，客观评价八十回后的内容。

《红楼梦》，（前八十回）曹雪芹著，（后四十回）无名氏续，程伟元、高鹗整理，人民文学出版社。

《红楼梦八十回校本（上、下）　红楼梦后部四十回　红楼梦八十回校字记》，（清）曹雪芹著，俞平伯校订，王惜时参校，人民文学出版社。

《红楼梦：脂砚斋评批》，（清）曹雪芹著，（清）脂砚斋评，黄霖校理，齐鲁书社。

《脂砚斋重评石头记甲戌校本》，（清）曹雪芹著，（清）脂砚斋评，邓遂夫校订，作家出版社。

脂批在流传过程中出形成了多版本并行的情况，这里给出几个常见的脂批本：

脂砚斋甲戌抄阅再评《脂砚斋重评石头记》抄本十六回，简称"甲戌本"；

己卯冬月定本《脂砚斋重评石头记》四十一回，简称"己卯本"；

庚辰秋月定本《脂砚斋重评石头记》七十八回，简称"庚辰本"；

有正书局石印戚廖生序本《国初钞本原本石头记》八十回，简称"戚序本"或"有正本"；

蒙古王府藏抄本《石头记》一百二十回，简称"蒙藏本"；

南京图书馆藏抄本《石头记》八十回，简称"南图本"；

梦觉主人序《红楼梦》八十回，简称"梦觉本"；

舒元炜序《红楼梦》八十回，简称"舒序本"；

杨继振旧藏《红楼梦》一百二十回，简称"梦稿本"；

郑振铎藏残本《红楼梦》现存第二十三、二十四两回，简称"郑残本"；

扬州靖应鹍藏《石头记》，简称"靖本"；

苏联亚洲人民研究所列宁格勒藏《石头记》八十回，简称"列藏本"。

二、评论与专题探讨

在众多红学流派中，评论派着眼于作品本身，是真正基于文本的研究和批评，这是走进《红楼梦》、接触专业红学研究的重要途径。批评派注重作品本身的内容、手法及成就，阅读评论派研究成果有助于中学生在反复阅读阶段深入思考，完成一般读者向专业研究者的快速转型。

（一）诗词赏析

《红楼梦》中穿插了大量的诗词，这不是曹雪芹有意炫才，而是借助诗词塑造人物形象，呈现人物完整鲜活的性格，也正是这些诗词的存在成就了一个充满诗情画意的大观园图景。诗词部分是初读者最容易跳过但内涵极为丰富的部分。《红楼十二曲》《葬花吟》《桃花诗》《螃蟹咏》《怀古诗》《芙蓉女儿诔》等诗词作品都蕴含了丰富的内涵。借助诗词赏析工具，可以帮助中学生理解诗作内涵，感受人物内心。

《红楼梦诗词曲赋鉴赏》，蔡义江著，中华书局。《红楼梦诗词曲赋鉴赏》全收了各种版本《红楼梦》中的诗、词、曲、赋、歌谣、古文、书札、谜语、酒令、联额、对句等体裁形式的文字，还包含一般不易见到的脂批抄本中独存的诗作。这本书体例完备，在原文基础上每首增加了"说明""注释""鉴赏""附录""备考"等，同时考虑到读者的不同水平，在一些较难理解的篇目如《芙蓉女儿诔》，还加了"译文"。

《红楼梦诗词解析》，刘耕路编著，吉林文史出版社。

（二）评点

红学作为显学，历代评点不断，学者们的专业解读能够帮助我们感受看似平常的语句中所蕴含的深刻内涵，读出初读时没能捕捉到的韵味。相关的参考书目中既有古人评点，也有今人评论，阅读时可能会发现其中有些观点具有较强的时代局限性，与自己已有理解不同，这都没有关系，开拓视野，博采众长是研究《红楼梦》必备的精神和胸怀。

《红楼梦》（三家评本），（清）曹雪芹、高鹗著，（清）护花主人、大某山民、太平闲人评，上海古籍出版社。

《八家评批红楼梦》，冯其庸纂校订定，陈其欣助纂，文化艺术出版社。

《红楼梦回评本》，（清）曹雪芹原著，林冠夫、金品芳校点，蒋文钦、胡雪冈注释，蒋文钦、金凡平回评，广西人民出版社。

《红楼梦》，（清）曹雪芹、高鹗原著，王志武评点，陕西师范大学出版社。

《白先勇细说红楼梦》，白先勇著，广西师范大学出版社。

其中"三家评本"和"八家评本"都对评点本进行了整合，有助于读者进行横向比较，也省去反复对照翻阅若干评本的麻烦。后两种参考书目为今人评点，其中《白先勇细说红楼梦》是由白先勇台湾大学《红楼梦》导读通识课讲义编纂而成的。白先勇着眼于"细读"，大力推崇"程乙本"，通过仔细比对"庚辰本"与"程乙本"的差别，逐字逐句掂量揣摩其中微妙意蕴，重新发现失落已久的"程乙本"《红楼梦》之美。

（三）专题探讨

前两类书目随回目进行，适合在逐回阅读时对照参考，而专题类书目更适合完整阅读、产生思考后进行横向的专题探讨，涉及人物、主题、手法、语言等方方面面。建议在初读、再读基础上，对作品有一个相对完整的认识后，选择一两个自己感兴趣的方向，跟随研究者进行深入探讨。

1. 人物专论

《红楼梦人物论》，王昆仑著，北京出版社。鲜活丰富的人物形象无疑是《红楼梦》最吸引读者的地方，也是研究者最热衷探讨的话题之一。王昆仑的《红楼梦人物论》从文本出发品评红楼人物，可以看作人物专题研究的开山之作。

《传神文笔足千秋——〈红楼梦〉人物论》，李希凡、李萌著，东方出版中心。《传神文笔足千秋——〈红楼梦〉人物论》体制与《红楼梦人物论》保持一致，既关注了宝玉、十二钗等主要人物，也以群像的形式关注了十二官、贾府小厮等小人物，剖析了《红楼梦》中六十多个人物。

《论凤姐》，王朝闻著，百花文艺出版社。

《周思源正解金陵十二钗》，周思源著，中华书局。

《〈红楼梦〉配角塑造艺术》，周书文著，江西人民出版社。

2. 主题思想探讨

相对于人物专论来说，有关主题思想的论著对于初读者来说阅读难度较大，学界对《红楼梦》主题思想的探讨始终存在争议，建议这部分学术著作的阅读是在熟读原著并大致了解研究全貌的基础上依照自己感兴趣的方向进行研读。

《红楼梦创作方法论》，周思源著，文化艺术出版社。《红楼梦创作方法论》从创作论角度揭示《红楼梦》是"怎样写的"和"为什么这样写"，关注《红楼梦》创作的整个艺术过程，包括作者的心理和写作方法，着重探讨《红楼梦》的象征主义。第一部分着重探讨《红楼梦》是否创造了一种我们尚未认识的"主义"，第二部分着重关注《红楼梦》的浪漫主义色彩，第三部分着重探讨《红楼梦》的象征意义。

《红楼梦叙事艺术》，郑铁生著，新华出版社。《红楼梦叙事艺术》从叙事学的角度对《红楼梦》进行系统、全面的论述。它提出了三个新观点：其一，《红楼梦》叙事结构由两种形态构成。前五回是《红楼梦》的蓝图，第六至一百二十回是故事的主体，二者是互动的关系。其二，《红楼梦》叙事的进程，是由三条意脉贯穿而下，一条是贾府的悲剧，一条是宝玉的爱情婚姻悲剧，一条是王熙凤的人生悲剧。这三条意脉牵动、生发和制约着大大小小的伏线和余脉，织成《红楼梦》故事的主体。其三，《红楼梦》叙述内容由十个叙事单元组成，分为三个流程：钟鸣鼎食的贾府（第六至六十三回），风雨飘摇中的贾府（第六十四至九十一回），走向衰败的贾府（第九十二至一百二十回）。

三、工具书

《红楼梦》具有百科全书的性质，因此初读者在阅读过程中难免遇到一些比较具体的阅读障碍，如出现不认识的字、不熟悉的词、不理解的表达等，可以翻阅以下工具书辅助阅读，扫平障碍，加深理解，增加知识储备。

《〈红楼梦〉辞典》，杨为珍、郭荣光主编，山东文艺出版社。

《〈红楼梦〉辞典》，周汝昌主编，广东人民出版社。

《红楼梦大辞典》，冯其庸、李希凡主编，文化艺术出版社。

《红楼梦人物辞典》，施宝义、刘兰英等编著，广西人民出版社。

《红楼梦人物谱》，朱一玄著，百花文艺出版社。《红楼梦人物谱》附录了著名红学家周汝昌为作品编年的《红楼纪历》和《荣国府院宇示意图》，以及杨乃济制的《大观园模型平面图》。一册在手，《红楼梦》中的所有人物及相互关系便可了然于心，是一部对阅读、欣赏和研究《红楼梦》不可或缺的资料工具书。

《红楼梦语言词典》，周定一主编，商务印书馆。

《新编红楼梦辞典》，周汝昌、晁继周主编，商务印书馆。

第二节　外部研究

外部研究是除文本研究外与红学研究相关的著作，旨在拓宽学术视野，了解学界研究现状和已有研究方向。

一、索隐派、考证派研究成果

关于索隐派、考证派的分歧和争议在"名家视点"中已经做了具体的介绍，在此不多赘述。这部分列出了两派名家的主要研究成果，涉及本事、版本、作者的研究。在阅读过程中对某一方面感兴趣的同学可以深入学派本身，从研究方法、研究背景、研究成果等角度进行学习。

（一）本事研究

本事研究是索隐派红学的主要研究方向之一，通过与史实的对照，以考据的方式透过字面探索作者隐匿在书中的真人真事和历史本源，从小说的情节和人物中考索出"所隐之事，所隐之人"。

《红楼梦新证》，周汝昌著，棠棣出版社。

《红楼探源》，吴世昌著，吴令华编，北京出版社。

《石头记探佚》，梁归智著，山西人民出版社。

《论红楼梦佚稿》，蔡义江著，浙江古籍出版社。

《红楼梦新探》，王湘浩著，吉林大学出版社。

《秦可卿之死》，刘心武著，华艺出版社。

《红楼梦书录》，一粟编著，上海古籍出版社。

《红楼梦叙录》，胡文彬编著，吉林人民出版社。

《百二十回〈红楼梦〉人名索引》，何锦阶、邢颂恩编，中国友谊出版公司。

（二）作者研究

红学界曾对曹雪芹是否为《红楼梦》的作者进行过讨论，这里列出的参考书目主要是研究关于曹雪芹的家世、经历、创作等方面，以及续书者高鹗的相关论著。

《曹雪芹的早期传奇创作》，孙永旭著，敦煌文艺出版社。

《曹雪芹佚著浅探》，吴恩裕著，天津人民出版社。

《曹雪芹丛考》，吴恩裕著，上海古籍出版社。

《曹雪芹江南家世考》，吴新雷、黄进德著，福建人民出版社。

《曹学叙论》，冯其庸著，光明日报出版社。

《曹寅与曹雪芹》，刘上生著，海南出版社。

《红楼家世——曹雪芹氏族文化史观》，周汝昌著，黑龙江教育出版社。

《说不尽的红楼梦——曹雪芹在香山》，胡德平著，中华书局。

《曹雪芹小传》，周汝昌著，百花文艺出版社。

《文采风流第一人——曹雪芹传》，周汝昌著，东方出版社。

《乾隆与曹雪芹》，王永泉著，中国友谊出版公司。

《高鹗其人》，萧赛著，北岳文艺出版社。

《平心论高鹗》，林语堂著，陕西师范大学出版社。

《曹雪芹画传》，周汝昌著，赵华川绘，作家出版社。

（三）版本研究

周汝昌认为"红学"以曹学为中心，包括版本学、脂学、探佚学等专学，简称"四学"，把"《红楼梦》研究"排斥在"红学"之外。版本是"红学"重要探讨的问题之一。由于《红楼梦》成书过程和流传方式的特殊性，其传世版本众多且复杂，研究者多通过对比不同版本间的差异，分析差异产生的原因等方式来解读作品。

《红楼梦论源》，朱淡文著，江苏古籍出版社。

《石头记脂本研究》，冯其庸著，人民文学出版社。

《红楼梦真貌》，周汝昌著，华艺出版社。

《〈红楼梦〉版本探微》，刘世德著，华东师范大学出版社。

《红楼梦的版本及其校勘》，郑庆山著，北京图书馆出版社。

《红楼梦研究》，俞平伯著，人民文学出版社。

《红楼一家言》，高阳著，生活·读书·新知三联书店。

《论庚辰本》，冯其庸著，上海文艺出版社。

《红楼梦版本小考》，魏绍昌著，中国社会科学出版社。

《红楼梦魇》，张爱玲著，北京十月文艺出版社。

二、与《红楼梦》相关的作品

《红楼梦》续书极多，不可枚数，历代续书者水平不一，目的也不一样，有渴望补全残壁的，也有借此机会展现个人才华的。续书种类包含续本、译著和相关衍生文学。关注续书的目的主要在于和原著、脂批、程高续本进行比较，以此增强对原著的理解，感受《红楼梦》在不同时代、不同文化背景、不同国籍读者心中的重要影响。

（一）续本

红楼续书众多，对初读者来说可以参考阅读春风文艺出版社出版的整套"红楼续书选"和北京大学出版社的"《红楼梦》资料丛书·续书"，关于续书内容的介绍，本书第二章第四节"拓展·细读结果展示"的"读续本炼石补苍天"中已做整理，在此不多赘述。

《秦续红楼梦》（红楼续书选），（清）秦子忱撰，杨力生、钟离叔校点，春风文艺出版社。

《海续红楼梦》（红楼续书选），（清）海圃主人撰，扬华校点，春风文艺出版社。

《后红楼梦》（红楼续书选），（清）逍遥子撰，韩锡铎、卜维义点校，春风文艺出版社。

《红楼复梦》（红楼续书选），（清）小和山樵南阳氏撰，孙钧、卜维义、晓彧、平宇校点，春风文艺出版社。

《红楼梦补》（红楼续书选），（清）归锄子撰，韩锡铎校点，春风文艺出版社。

《红楼幻梦》（红楼续书选），（清）花月痴人撰，杨爱群校点，春风文艺出版社。

《绮楼重梦》（《红楼梦》资料丛书·续书），（清）兰皋主人撰，卬加点校，北京大学出版社。

《红楼梦影》（《红楼梦》资料丛书·续书），（清）云槎外史撰，尉仰茹点校，北京大学出版社。

《补红楼梦》（《红楼梦》资料丛书·续书），（清）嫏嬛山樵撰，李凡点校，北京大学出版社。

《增补红楼梦》（《红楼梦》资料丛书·续书），（清）嫏嬛山樵撰，李凡点校，北京大学出版社。

《红楼真梦》（《红楼梦》资料丛书·续书），（清）郭则沄撰，华云点校，北京大学出版社。

《红楼圆梦》（《红楼梦》资料丛书·续书），（清）临鹤山人著，杨存田点校，北京大学出版社。

《新石头记》，（清）吴趼人著，中州古籍出版社。

《痴情司》，亦舒著，海天出版社。

《红楼梦续——后四十回新编》，崔耀华著，华文出版社。

《刘心武续红楼梦——八十一回至一百零八回》，刘心武著，江苏人民出版社。

（二）译著

A Dream of Red Mansions，曹雪芹、高鹗著，杨宪益、戴乃迭译，外文出版社。

A Dream in Red Mansions，曹雪芹原著，黄新渠编译，外语教学与研究出版社。

《红楼梦研究在美国》，张慧著，中国社会科学出版社。

《欧美红学》，姜其煌著，大象出版社。

《日本红学史稿》，孙玉明著，北京图书馆出版社。

（三）衍生艺术作品

《红楼梦》以其特有的艺术魅力吸引了太多研究者和爱好者，大量艺术衍生作品伴随着《红楼梦》经典化的全过程出现，促进了《红楼梦》的传播。在此将影响较大的衍生艺术作品罗列如下：

《红楼梦传奇》，陈厚甫著，汪翰校，大达图书供应社。

《红楼梦戏曲集》，阿英编，中华书局。

《红楼梦曲艺集》，天津市曲艺团编，春风文艺出版社。

《红楼梦（广播本)》，曹雪芹、高鹗原著，胡小伟、谢文芬编改，中国广播电视出版社。

《红楼梦——根据曹雪芹原著改编》，周雷、刘耕路、周岭改编，中国电影出版社。

《电影文学红楼梦》，谢铁骊、谢逢松著，北岳文艺出版社。

三、红学史研究

我们要在充分熟悉前人研究成果的基础上开展自己的研究，至少要知道前代学者做了什么，从而加深对红学研究领域的了解。关于红学史的研究著作主要有以下三部，这些作品均关注到了《红楼梦》研究在整个学术史背景中不同阶段的发展情况。这些研究视野开阔，兼收并蓄，是接触红学研究的必备书籍。

《红楼梦与百年中国》，刘梦溪著，河北教育出版社。《红楼梦与百年中国》共十章，包括《红楼梦》与百年中国、《红楼梦》与红学、红学与曹学、考证派红学的危机与生机、索隐派红学的产生与复活等内容。作者从研究曹雪芹入手，旨在更准确、更深刻、更丰富地理解《红楼梦》。

《红学史》，李广柏著，广东教育出版社。

《红学通史》，陈维昭著，上海人民出版社。区别于李广柏的《红学史》以事件为节点，《红学通史》以时间线索为切入点，有助于更好地了解红学发展史的历史沿革，关注 1754 至 2003 年二百五十年中国大陆及海外《红楼梦》研究通史。全书分为四编，第一编 1754—1901 年；第二编 1902—1949 年；第三编 1949—1978 年；第四编 1978—2003 年。

四、资料汇编

《红楼梦》相关研究资料浩如烟海。资料汇编有助于窥见不同时代研究者的研究方向。这些资料虽然远不完备，且具有时代性和局限性，但便于初学者以此为线索查找原始文献，进行个性化的拓展阅读。

《红楼梦资料汇编》，朱一玄编，南开大学出版社。《红楼梦资料汇编》收入"中国古典小说名著资料丛刊"。全书依其内容的不同分为四编：（一）作者编，辑录有关曹雪芹家世、生平的资料。高鹗生平的资料也附于此。（二）版本编，辑录《红楼梦》版本方面的资料。（三）评论编，辑录《红楼梦》问世以来的各家评论。（四）影响编，辑录《红楼梦》对小说、戏曲的影响的资料。此外，还在书末附有荣国府院宇示意图（周汝昌）和红楼梦大观园平面示意新图（徐恭时），以便读者参用。《红楼梦资料汇编》所收录资料的时间截至五四运动。

　　《红楼梦资料汇编》，一粟编，中华书局。《红楼梦资料汇编》收入"古典文学研究资料汇编"。《红楼梦资料汇编》辑录了从乾隆到五四大约一百六十年间有关《红楼梦》及其作者的评论和考据方面的主要资料，内容丰富，是研究《红楼梦》的重要资料汇编。对初读《红楼梦》的中学生来说，这些立场各异、风格千差万别的文章既可以加深对《红楼梦》的进一步理解，也可以了解《红楼梦》在当时是如何被阅读和欣赏的。

第五章

研究旨要

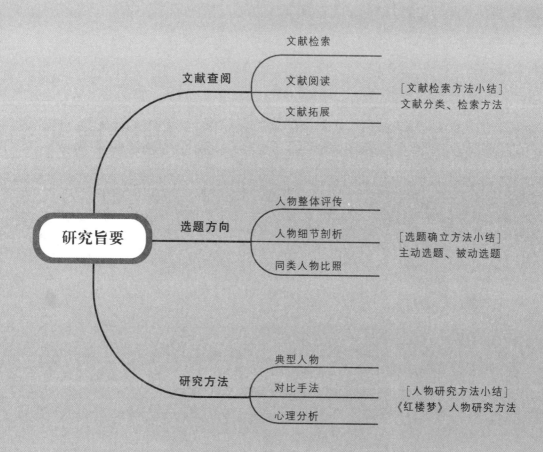

研究旨要

文献查阅
　文献检索
　文献阅读
　文献拓展
　[文献检索方法小结]
　文献分类、检索方法

选题方向
　人物整体评传
　人物细节剖析
　同类人物比照
　[选题确立方法小结]
　主动选题、被动选题

研究方法
　典型人物
　对比手法
　心理分析
　[人物研究方法小结]
　《红楼梦》人物研究方法

  《红楼梦》的读者圈范围极广，其中既有专业的研究者，也有大量非专业的红学爱好者及潜在读者，他们是《红楼梦》经典化过程中不可或缺的一部分。对于中学生来说，是做一个痴情读者还是做一个冷静客观的研究者，仁者见仁，智者见智。台湾大学欧丽娟教授就借斯宾诺莎"不哭，不笑，也不痛骂，而只是理解"的观点阐明阅读《红楼梦》应有的理性心境，这也是研究者应具备的境界。

  部分中学生并没有通读过原著，对《红楼梦》的了解浮于表面，算是在红学大门之外；也有一部分中学生接触过原著和相关研究，但不成体系，算是一只脚踏上了红学大门的门槛。这两种都可以看作是《红楼梦》的"槛外人"。中学阶段《红楼梦》的阅读目标应该定位为由一般读者向专业研究者的转型，中学生应该初步接触学术研究，助力个性阅读，迈进专业学术研究的门槛，做一个准"槛内人"。

  本章围绕"红楼梦人物论"展开。董学文在《文学原理》中指出："在小说中，人物是灵魂，只有扣紧灵魂，才能制服小说庞大有力的文本，产生更为有效的解读。"[1] 也就是说分析人物是解读小说的有效途径。人物论研究旨在通过各种方式理解并揭示人物丰富的内心世界，发掘人物形象的丰富内涵。无论对于一般读者还是专业研究者，《红楼梦》中最引人注目的自然是其中鲜活的人物。全书人物庞杂，各个具有鲜明的个性，他们相互联结交织，构成了完整且复杂的人物关系网。如果离开了这个人物关系网，多彩的人物也就变得黯淡。"红楼梦人物论"从人物出发，关注由此延展开的人物关系网，在人物与人物的互相比较中，对人物加以分析评论，从人物入手阐发对全书情节内容、创作手法、主题思想的探究。

  一般学术训练和研究包含选题方向、查阅文献、研究设计、研究方法、

[1] 董学文.文学原理[M].北京:北京大学出版社,2007:213.

撰写论文等方面。本章以"红楼梦人物论"的相关研究为范例，主要了解文献查阅、选题方向和研究方法三部分，旨在帮助中学生接触学术研究流程，感受学术研究规范，培养学术研究意识，学习学术研究方法。

第一节　文献查阅

想要实现从一般读者到专业研究者的转型，就需要在借助工具书和评点本并熟读原著的基础上针对自己感兴趣的内容进行专业阅读。

一、文献检索

进行个性化研究的前提是掌握尽可能多的文献资料。依照正确的方法查阅文献，能够帮助我们了解某一方面的研究现状，在学习前人的优秀研究成果的基础上，从而更好地开展自己的研究。因此，学会检索文献就显得尤为重要。

以"红楼梦人物论"的文献查阅为例。

在知网数据库检索栏中输入"红楼梦人物论"关键词，出现几百条结果，前五篇文献如下图：

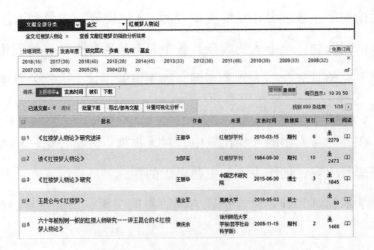

知网搜索"红楼梦人物论"（截图）

二、文献阅读

经过初步检索，第一篇文献是王丽华的《〈红楼梦人物论〉研究述评》。这篇文献为综述类文献，有助于研究者全面了解研究情况。

学术论文一般包含标题、作者、摘要、关键词、正文、参考文献几部分。标题用最简明的词语反映论文中最重要内容的逻辑组合，一般在三十字以内。以王丽华的《〈红楼梦人物论〉研究述评》为例，由题目我们可以看出它是对《红楼梦人物论》这本书的研究综述。

摘要即摘录要点、内容提要，是对论文内容的简短陈述，提示论文的主要内容、观点、见解、论据。摘要文字要言简意赅，中文摘要

《红楼梦人物论》研究述评

王丽华

内容提要：红学史上不乏大家身影，相关的研究著作无论是质量还是数量，在中国古代小说研究史上都是空前的。其中，王昆仑的《红楼梦人物论》是着重对《红楼梦》里的人物形象进行分析和研究的第一部著作。鉴于《红楼梦人物论》在红学史上的重要作用，自其问世以来，多有著作和论文涉及到对该书的再评价问题。笔者通过翻阅相关的研究文献，从成书背景、思想内容、艺术成就、存在问题和对后世影响等方面加以梳理，以期对王昆仑和《红楼梦人物论》有一个较为全面的认知与把握。

关键词：红楼梦人物论　王昆仑　红学批评派　唯物史观　阐释学方法论

本文所要探讨的是一部问世于上世纪40年代的红学名著《红楼梦人物论》。作者王昆仑是一位杰出的政治家，毕业于北京大学哲学系，对理论问题有着浓厚的兴趣，因此通过阅读从前苏联、日本等国家翻译过来的马克思主义著

《〈红楼梦人物论〉研究述评》（截图）

一般在两百至四百字为宜。关键词是用来表述论文全文主题内容信息的单词或术语。我们可以借用关键词检索文献或对所搜索到的文献进行初步筛选，判断一篇文献是略读还是细读。每篇论文的关键词一般为三至五个。通过《〈红楼梦人物论〉研究述评》的摘要和关键词能够快速了解这篇论文的内容、研究对象、研究成果。文中提及一部重要的著作——王昆仑的《红楼梦人物论》，这是我们进一步延伸阅读的书目。

正文是论文的核心部分，深入分析摘要中提出的问题，运用理论研究和实践操作相结合的方法进行论证。王丽华的《〈红楼梦人物论〉研究述评》

分"作者的创作思想及成书背景""版本系统""内容提要和主题思想""写作手法和艺术成就""评价及影响"五部分对王昆仑的《红楼梦人物论》进行综述。

文中多次提到刘梦溪的《读〈红楼梦人物论〉》一文,其中的评价和观点可以作为参考,这篇文章可以列入进一步阅读的论文条目中。这篇文章也是检索出的第二篇文献。刘梦溪的《读〈红楼梦人物论〉》分为七个部分,阅读时可关注每部分的标题或首段,以此来判断是否继续详细研读,同时关注研究结论。在文献泛读阶段,阅读量较大,建议在泛读时做好笔记和标记,关注多次出现和多次被引用的文献,以便在精读阶段进行研读,避免漏掉重要文献或重复阅读,提高文献查阅效率。

参考文献也是文献延伸查阅的有效方式。下列参考文献中除了文中反复提到的刘梦溪的文章外,还提到了郭皓政、孙伟科、白盾、周五纯等十余位学者的论文或著作。我们可以此为线索,顺藤摸瓜,查找需要的文献。

①②②②⑩ 刘梦溪《读〈红楼梦人物论〉》,《红楼梦学刊》1984 年第 3 辑。

③⑥㉗ 郭皓政《红学档案》,武汉大学出版社 2007 年版,第 155—156、155 页。

④⑤ 孙伟科《红学中人物评价的方法论评析》,《红楼梦学刊》2008 年第 6 辑。

⑥⑤⑩⑰②⑧ 白盾《红楼梦研究史论》,天津人民出版社 1997年版,第 278、289、287、289—290、282 页。

⑦ 在 1948 年的版本中,宝黛钗部分是在最后。

⑧⑫⑭⑮② 周五纯《〈红楼梦人物论〉平议》,《无锡教育学院学报》2001 年第 1 期。

⑨⑪ 彭彭《如何评价〈红楼梦〉中的驾鸯——与王昆仑同志商榷》,《文史哲》1965 年,第 63 页。

⑪ 张毕来《王昆仑的贾宝玉论的观点方法》,《红楼梦学刊》1985 年第 4 辑,第 9 页。

⑬③③ 郭豫适《红楼梦研究小史续稿》,上海文艺出版社1981 年版,第 245 页。

⑬③② 韩进廉《红学史稿》,河北人民出版社 1981 年版,第299 页。

⑯⑥⑨ 陈维昭《红学通史(上)》,上海人民出版社 2006 年版,第 179 页。

⑲㉒㉓⑩ 宋日成《评王昆仑的〈红楼梦人物论〉》,《红楼梦学刊》1988 年第 3 辑。

㉑ 太愚《红楼梦人物论》,国际文化服务社 1948 年版,第 253、275 页。

㉔⑭ 王昆仑《大家小书·红楼梦人物论》,北京出版社 2004年版,第 8、11 页。

㉛ 舒芜《红楼梦人物论》,《红楼梦学刊》1984 年第 2 辑,第231 页。

㉜ 明沙《"红楼梦人物论"读后》,《现代妇女》1948 年(儿童节特辑),转引自吕启祥《红楼梦研究稀见资料汇编》,人民文学出版社 2001 年版,第 1318—1319 页。

㉝ 曹聚仁《读〈红楼梦人物论〉》,《新书月刊》1948 年第 1 期,转引自吕启祥《红楼梦研究稀见资料汇编》,第 1366 页。

《〈红楼梦人物论〉研究述评》参考文献(截图)

三、文献拓展

初步浏览论文,最值得关注的是王昆仑的《红楼梦人物论》,这部作品在学术界影响较大，有较强的系统性，因此这部作品需要仔细研读。

王昆仑的《红楼梦人物论》写于 20 世纪 40 年代，是红学研究的一部名著。王丽华在文中这样评价《红楼梦人物论》的价值和影响："从文本出发，用人物形象来把握《红楼梦》的思想内容和悲剧内涵，这是极为难得的，也影响了同时代的许多研红学者。"①

王丽华在文中梳理了《红楼梦人物论》的三个重要的版本系统：一是 1948 年上海国际文化服务社出版的《红楼梦人物论》，共十九篇，署名太愚。二是 1983 年生活·读书·新知三联书店出版的《红楼梦人物论》，共十七篇，署名王昆仑。三是 2004 年北京出版社出版的《红楼梦人物论》，共十九篇，署名王昆仑。这三个版本在篇目安排、语言风格和对人物的评价上存在差异。但王昆仑始终坚守着学术研究求真务实的原则，印证了端木蕻良对他学术勇气的评价——"坚持真理论红楼"，这份精神值得后代学者学习。

以北京出版社的版本为例，全书由十九篇文章组成，重点论述的人物有袭人、晴雯、秦可卿、李纨、妙玉、惜春、紫鹃、芳官、探春、平儿、小红、鸳鸯、司棋、尤三姐、王夫人、邢夫人、尤氏、赵姨娘、贾母、刘老老、王熙凤、贾政、贾敬、贾赦、贾珍、贾琏、贾芸、贾环、门子、焦大、茗烟、柳五儿母女、龄官、傻大姐、史湘云、薛宝钗、林黛玉、贾宝玉等，《红楼梦》的主要人物形象几乎都涵盖在内了。

王昆仑还从分析人物形象入手阐发了《红楼梦》全书的思想内容，关注作者的创作思想和艺术构思，特别是作者为什么要写这些人物，为塑造这些人物运用了一些什么艺术手法，这些人物反映了作者什么思想和观点。这些探讨均有助于中学生对《红楼梦》人物论研究形成相对清晰的认知。

---

① 王丽华.《红楼梦人物论》研究述评[J]. 红楼梦学刊,2015(2):212.

【文献检索方法小结】

我们以"红楼梦人物论"为例进行了一次简单的文献检索，初步了解了文献检索的一般方法、论文的大致结构以及最终查到的有用文献。下面就文献检索方法进行小结。

文献的概念相对宽泛，一切纸质或电子形式的文字、图像、音响、视听信息资料等均可作为研究的文献。文献按其加工程度来分，可以分为零次文献、一次文献、二次文献、三次文献。

零次文献指一些未经记录、未形成文字的材料和未公开的原始资料等。零次文献一般通过口头交谈、参观展览、参加报告会等途径获取。一次文献也叫原始文献，是作者第一次刊载的文献及本刊手稿或档案资料，它的价值在于原创性，因此原始文献的学术参考价值极高，储存量也最大，是研究者检索的主要对象。二次文献是查检一次文献而编辑的文献，包括各种类目录、索引、题录、文摘等，这类文献具有系统性、浓缩性。帮助检索一次文献的工具书，也具有二次文献的性质。三次文献是在一次、二次文献的基础上编制的查阅二次文献和了解学术动态、水平以及一次文献概况的出版物，包括百科全书、年鉴、手册、指南、名录，以及发表在文摘或普通期刊报纸上的动态综述、学术述评、进展报告等。三次文献具有综述性、总结性和先导性，对研究具有很大的指导和参考作用。王丽华的《〈红楼梦人物论〉研究述评》属于三次文献，综述性较强，但距原始文献较远，需要以此为线索，继续进行文献检索，并阅读文献。

常用的文献检索方法有直接法、追溯法、工具法三种：

直接法是直接从有关的一次文献中获取所需信息的检索方法。这种方法简单、快捷，但费时费力，因为原始文献比较繁多，需要研究者花费大量的时间和精力进行阅读，难免挂一漏万。查找、泛读文献时要做好记录和筛选工作，寻找真正需要的文献做精读。

追溯法是以文献所附的参考文献、书目等为线索，逐一追踪查找，不断扩大线索，最终找到自己所需的资料。这种方法更为高效，针对性更强，容易找到被许多人重复和反复引用过的文献期刊。

工具法是现代研究方法，指利用一定的检索工具或检索系统获取文献信息的检索方法，包括顺查法和倒查法。顺查法是指从时间上由远到近逐年查找的方法，倒查法则与此相反，时间上是由近到远。工具法省时省力，能在较短的时间内获得较为全面的文献信息，是比较科学正规的文献检索方法。常用的中文数据库有中国知网（世界上最大的连续动态更新的中国学术文献数据库）、维普数据库（中文科技期刊资源一站式服务平台）、万方数据库（内容涉及自然科学和社会科学各个专业领域）；常用引文数据库有中国科学引文数据库（CSCD）、中国科技论文与引文数据库（CSTPCD）、中文社会科学引文索引（CSSCI）；常用学位论文库有国家图书科技文献中心、CALIS 高校学位论文库等。可依据需要选择组合应用。

一般情况下都是以上三种常用方法交叉运用，如上文提到的"红楼梦人物论"相关文献检索就是运用综合法。

第二节 选题方向

选择具体的研究方向和研究内容对研究者来说至关重要，在充分检索文献并了解某一范围内的前人研究成果的基础上，先要依据自身能力、写作需求、时间限制等情况确定写什么，之后才会涉及运用恰当的研究方法进行研究。

参照王昆仑的《红楼梦人物论》（北京出版社）中十九篇文章的选题来进行具体分析。这十九篇文章分别是：

1. 花袭人论

2. 晴雯之死

3. 李纨与秦可卿

4. 大观园中的遁世者——妙玉、惜春、紫鹃、芳官

5. 政治风度的探春

6. 平儿与小红

7. 《红楼梦》中三烈女——鸳鸯、司棋、尤三姐

8. 贾府的太太奶奶们

9. 宗法家庭的宝塔顶——贾母

10. 刘老老是丑角吗？

11. 王熙凤论

12. 贾府的老爷少爷们

13. 贾府的奴仆们

14. 史湘云论

15. 薛宝钗论

16. 林黛玉的恋爱

17. 黛玉之死

18. 贾宝玉的直感生活

19. 贾宝玉的逃亡

以上十九篇文章展现了《红楼梦人物论》三个主要选题方向，即人物整体评传、人物细节剖析和同类人物比照。

一、人物整体评传

《花袭人论》《宗法家庭的宝塔顶——贾母》《王熙凤论》《史湘云论》《薛宝钗论》。这类选题类似于史传文学的形式，将某一人物从全书中抽离出来，以人物为核心，站在人物的角度分析相关事件，从中揣摩人物性格，

分析人物关系，感受作者态度，解读全书主题。王昆仑的这类选题既包括王熙凤、薛宝钗这些《红楼梦》中的绝对主角，也包含袭人、贾母、史湘云这些相对次要的配角。在很多大场景中如果只从宏观视角看角色，他们可能只是陪衬，但切换视角，站在这个人物的角度观察、思考，就会关注到更多的细节。这类选题有助于对人物形成全面而完整的认识，通过前后勾连，形成对人物形象深刻的认知，从而揣摩作者对人物的态度。

对于初步涉猎学术研究的中学生来说，如果选用人物整体评传这类选题建议从小人物入手。如果选择贾宝玉、林黛玉、薛宝钗、王熙凤这些形象丰满的人物，一则相关文献庞大，二则细节过多不易把握，操作会比较困难，可以考虑戏份较少、性格相对简单的小人物，如麝月、薛蟠、赵姨娘、贾环、焦大、小红、茗烟等。他们在作品中虽然是小人物，但曹雪芹仍旧将他们塑造成了鲜活完整的圆形人物，细细揣摩必有所收获。

二、人物细节剖析

《晴雯之死》《政治风度的探春》《刘老老是丑角吗?》《林黛玉的恋爱》《黛玉之死》《贾宝玉的直感生活》《贾宝玉的逃亡》。这类选题关注人物的某一方面，侧重人物在典型环境中的状态和人物性格的某方面。《晴雯之死》《黛玉之死》分析了两个《红楼梦》中至关重要的片段，正如王昆仑在《晴雯之死》开篇说的"晴雯之死是红楼梦全书中的一件大事"，进行人物细节剖析时一定要捕捉到对作品有着关键影响的部分。《政治风度的探春》《刘老老是丑角吗?》将人物置于典型环境中，分析人物性格的某方面。《林黛玉的恋爱》《贾宝玉的直感生活》《贾宝玉的逃亡》则关注由人物性格决定的人物命运。

对于中学生来说，人物细节剖析可以作为选题的主要方向，操作度较高。分析某个人物的个性语言、服饰住所、喜怒哀乐或典型性格等，所以运用适当的研究方法从某个细节、某个场景入手分析人物。

三、同类人物比照

《李纨与秦可卿》《大观园中的遁世者——妙玉、惜春、紫鹃、芳官》《平儿与小红》《〈红楼梦〉中三烈女——鸳鸯、司棋、尤三姐》《贾府的太太奶奶们》《贾府的老爷少爷们》《贾府的奴仆们》。这类选题方向可以分为两类:一是人物群像,如《大观园中的遁世者——妙玉、惜春、紫鹃、芳官》以人物出家为关注点,分析了妙玉、惜春、紫鹃、芳官四个选择"独卧青灯古佛旁"的女子的悲剧;《〈红楼梦〉中三烈女——鸳鸯、司棋、尤三姐》以人物暴烈性格为关注点,分析了鸳鸯、司棋和尤三姐三个烈性女子的命运;《贾府的太太奶奶们》以人物家庭身份为关注点,分析了王夫人、邢夫人、李纨、尤氏、王熙凤、秦可卿、赵姨娘等在贾府担任母亲、妻子、嫂子、媳妇的人物群像;《贾府的老爷少爷们》同样以人物家庭身份为关注点分析了贾政、贾赦、贾珍、贾琏等贾府男性主子人物群;《贾府的奴仆们》将作品中的奴仆分成了官奴、家奴、小奴三类。二是将形象大相径庭的人物进行比较,如《李纨与秦可卿》《平儿与小红》,关注相似身份下的迥然性格及其成因。

同类人物比照研究类选题初学者可以尝试,将单个人物置于同类人物、人物群、人物网中探究分析,更有助于分析人物性格的复杂性及成因。

除此之外还可以选择一些切口小的研究选题,如某小人物和大人物的关系:芳官和宝玉、贾环与彩霞、袭人与黛玉的关系;或大场景下的人物群像,如送宫花、宝玉挨打、螃蟹宴、刘姥姥二进大观园这些大事件下不同人物的不同反应。

综上所述,中学生可以尝试关注小人物,关注特定时空,关注人物关系，以此作为切入点剖析人物。建议阅读原典时做好批注和记录，以便实时捕捉可能成为选题方向的灵感。

【选题确立方法小结】

有了灵感还远远不够，需要用科学严谨的方式进行逐层验证。张高评在《论文选题与治学方法（一）——论选题来源与文献评鉴（上）》① 中将选题的方式概括为提炼萃取与被动接受，可以作为选题参考依据：

"读书得间，厚积薄发；提炼萃取，有为而作"指的是研究在日常阅读中产生的感悟，提醒我们在阅读原著和相关文献时要随手记录心得，做好批注和笔记。有些灵感稍纵即逝，因而在阅读过程中要逐一记录，经过沉潜梳理和文献查阅后积少成多，进一步探讨这些问题是否值得深究。在这个过程中能够很好地培养阅读摘录、问题探究意识，带着问题意识和研究意识阅读会收获更多。

"得诸传闻，经由外烁；被动接受，事倍功半"是被动接受的选题方式。由于个人阅读储备和研究能力所限，一时找不到适宜的选题方向，需要外力支持（由指导老师提供题目）来进行研究。这种方式虽然显得被动一些，类似于命题作文，但在初学阶段不失为一种行之有效的训练方法。

对于刚刚接触学术研究的中学生来说，可以结合两种选题方式，通过主动选题培养主动思考的探究意识，通过被动选题进行规范性的学术训练。

第三节　研究方法

王昆仑的《红楼梦人物论》综合运用了多种人物分析方法，在这里结合具体篇目主要介绍典型环境中典型人物、对比手法和心理分析三种研究方法。

---

① 张高评.论文选题与治学方法(一):论选题来源与文献评鉴(上)[J].古典文学知识,
2010(2):11-17.

一、典型人物

狄德罗认为"人物的性格要根据他们的处境来决定"①，人物在真实的环境中活动。所谓典型环境就是指充分反映了现实关系真实风貌的人物的具体生活环境，人物性格的形成受典型环境的制约，人物特定的言行也在典型环境的影响下发生。

典型环境成就典型人物，典型人物只有在所处的环境中才能充分展现性格。作为读者和研究者都应把人物还原到他（她）所处的环境中，不能孤立分析。典型环境既包含他（她）所处的时代背景，也包含社会关系，即人物关系。《红楼梦》的人物研究一定要关注具体环境，人物均不是孤立存在的，而是在一个由社会关系、伦理关系、家族关系、情感关系纵横交织而成的人物关系网中，哪怕再小的角色都处在这个错综复杂的人物关系网中。每个人物均在自己的典型环境中活动，展现着鲜明的典型性格，构成人物关系网，彼此之间互相矛盾、联结。可以这样说，离开了典型环境关系网，人物不能存在，至少不会存在得那样活灵活现。王昆仑在《红楼梦人物论》中就是从典型环境中的典型人物出发，将人物放在所处的社会关系中，在人物与人物的互相关系中分析人物，评论人物。

《贾府的太太奶奶们》中王昆仑将王夫人放在人物关系网中，分析了她的原生家庭和子嗣情况：

1. 王夫人的原生家庭

兄弟王子腾位高权重（由京营节度使升到九省都检点）；

侄女王熙凤掌管家事（既是侄女也是侄媳妇，关联贾赦一房和贾政一房）。

2. 王夫人的子嗣情况

---

① 伍蠡甫. 西方文论选[M]. 上海：上海译文出版社，1979：363.

长女贾元春身为皇妃（已经走向末世的贾家的重要倚靠）；

长子贾珠不幸早亡（影响了她对宝玉的态度）；

次子宝玉是家中凤凰。

这就决定了她在贾府的地位，虽然看似温和不管事，贾母说她"可怜见的卫不大说话，和木头似的"，实际上她是一个既有福更有权的重要人物。王夫人是四大家族中"东海缺少白玉床，龙王请来金陵王"的王家小姐，兄弟王子腾广运亨通，家境殷实，妹妹薛姨妈又在贾家借住，娘家实力雄厚，是贾府的重要外援。加之自身子嗣繁荣，完成了传宗接代的任务还培养出了一个皇妃，她的地位在贾家是无法撼动的。

随后将王夫人放在了贾府动态的人物关系网中，看她作为贾家媳妇的处境和关系：

3. 王夫人在婆家的局面

婆婆贾母是贾家宝塔顶的人物；

侄女王熙凤八面玲珑当家掌权；

贾政的妾室赵姨娘和庶子贾环虎视眈眈。

这些复杂的人物关系，加之平日要随贾政应对官场应酬，等等，使得王夫人"精神不够使用，心情永远阴沉""生活乏味，应付无方"，这些分析将王夫人从关系网中剥离了出来，让我们看到了一个活脱脱有血有肉的王夫人形象。

二、对比手法

《红楼梦》塑造了大量的人物群像，但都各有特点，绝无雷同。曹雪芹善于将这些同而不同的人物进行对照，"晴为黛影、袭为钗副"的影射和对比随处可见。王昆仑在《红楼梦人物论》中很好地把握了这一特点，他曾这样写道："《红楼梦》作者对于人物的描写是很少犯笼统的毛病，每一个人物都有着不同的线条与光色。"《红楼梦人物论》就准确地把握了曹雪芹这种对称设计人物的特色。

《平儿与小红》着眼于人物身份和地位的对比。《李纨与秦可卿》着眼于人物在伦理道德上的对比。《政治风度的探春》一文，将人物置于特定场景中，在理家这件事上横向比较王熙凤、薛宝钗、贾探春身上的政治家潜质。

以《政治风度的探春》为例。该篇首先交代了探春理家的背景，随后通过"立威"一事的分析，证明了探春的魄力和能力：

探春当事之初，所遇到的不是什么主动"立威"的问题，而是一个"大管家娘子"吴新登媳妇给她出了一个难题。探春和贾环的生母赵姨娘之弟，赵国基——现在充任贾环上学的侍仆——死了。他的身份是如此之尴尬，贾府应当赏多少银子呢？吴新登媳妇故意不说往例，不出主意，要看看这年纪轻、无经验，又涉及自己生母关系的探春小姐如何处理。结果是探春查明旧账，决定按照往例，秉公办理，赏银二十两，不肯多加。既指斥了吴新登媳妇之胆敢故意刁难，也不避免生母赵姨娘的当面冲突。这是她第一次表示了大公无私和敢于战斗的精神。①

然后聚焦到她和王熙凤在理家方式上的冲突，借此完成探春和王熙凤的比较。

改变制度或处理人事必和当家人王熙凤有抵触，探春当然了解，所以她对某些事依然要征求王熙凤的意见。而凤姐也更加敏感，准备探春从自己开刀，而且唯恐平儿不理解这种方针。因而在凤姐有意退让的情况下，探春又提出了影响面比较大的节约和对大观园新的管理方案。第一件是把每个姑娘每月重支的头油脂粉费二两银子都免去了，因为姑娘们每月已有了二两月

---

① 王昆仑. 红楼梦人物论[M]. 北京：北京出版社，2011：69－70.

银，丫头们又另有月银，探春认为这都属于重叠的浪费。①

通过这样的比较，既看到了两位女中豪杰不同的处事方法，也凸显了探春勇于变革的性格，王熙凤的退让同样是明智之举。相对于王熙凤聪明自恃、专权聚敛，宝钗的退让客套，探春的才华与胆识脱颖而出。如果单看探春理家这一段，只会觉得她作为一个未出阁姑娘能力出众。只有分析人物身世背景，加之和其他姑娘、媳妇的比较才能凸显这份才能与精神的可贵。

三、心理分析

《红楼梦人物论》善于从细微处分析人物的思想、性格、心理。王昆仑对构成全书结构轴心的宝玉、黛玉和宝钗的矛盾处剖解得尤为细密。

《薛宝钗论》中从人物内心入手，分析了宝玉和宝钗间的情感关系，将其定义为本质上的冲突关系：

宝玉和宝钗从本质上是冲突着的，正和宝玉与贾政的人生观不相容是一样。在林黛玉眼中宝玉和宝钗很亲近，其实宝玉自己知道他和宝钗之间的距离。宝钗所设想的丈夫应当是一个循规蹈矩的功名富贵中人，而这种人正是宝玉所痛恨的"禄蠹"。宝玉所设想的爱侣应当是一个多情善感超世绝俗的"仙姝"，而这种人恰好是宝钗认为被浪漫传奇诱导坏了的女性。宝玉显然是一个恋爱至上主义者，除了向女孩儿身上做工夫以外，无一事可为；而宝钗的精神却贯注在如何从人世间各方面去努力做人。他和她两颗心永远不会走在同一条路上。宝玉向母亲王夫人提出一个给林黛玉医病的药方，王夫人不相信，宝玉要请宝钗给他证明确实；可是宝钗偏故意说："我不知道，也没听见，你别叫姨妈问我。"在这件小事上说明宝钗宁可牺牲宝玉的信用，以迎合王夫人意思。宝钗给宝玉起诨名叫"无事忙"、"富贵闲人"，分明是

---

① 王昆仑. 红楼梦人物论[M]. 北京：北京出版社，2011：70 - 71.

对他轻视。这都足以在无形中伤害了宝玉的情感。①

这段论述中王昆仑首先明确了宝、黛、钗之前的关系以及三人之间思想性格上的异同。随后通过"药方"和"探病"两件家常琐事中宝玉的细微反应窥见人物内心，最终将宝、黛、钗之间的关系定义为"宝玉和黛玉是本质的一致而形式上冲突，宝玉和宝钗是形式上谐和而本质上矛盾"。类似的人物内心剖析在《晴雯之死》《林黛玉的恋爱》《黛玉之死》《贾宝玉的直感生活》《贾宝玉的逃亡》几篇文章中展现得更为充分。

【人物研究方法小结】

在红学研究的诸多流派中，任何一个流派的研究都绕不开人物研究，其背后隐藏着不同的学术视角和研究方法。孙伟科在《红学中人物评价的方法论评析》② 一文中对主流流派的人物研究进行了归纳：

第一类是索隐派的原型分析。索隐派认为《红楼梦》中的主要人物是有原型的。索隐派不认为小说就是小说，而认为它是一部借"假语存"隐写的一段真实历史，事件有原型，人物也有原型。

第二类是新红学的自传性分析。自传派的研究，将作者看成是作品主人公原型，与索隐派在原型的猜度上，具有相似的思维方式。他们共同的错误在于，将人物研究的重心从作品移位到了主观想象中。

第三类是评点派的道德分析。评点派的观点带有导读性质。评点派的观点深入到了文本肌理之中，指示作者的寓意、行文的特点、文本的结构、语言的特色等，但这些研究没有前后一贯的方法的指导和使用。

第四类是社会学分析的阶级方法，关注作品的社会价值，运用社会学的方法，从时代、民族、宗教、地理环境、家族史等角度分析作品。

第五类是"人学"观的人性论方法，认为文学的认识价值主要可以归

---

① 王昆仑. 红楼梦人物论[M]. 北京:北京出版社,2011:226.
② 孙伟科. 红学中人物评价的方法论评析[J]. 红楼梦学刊,2008(6):156-180.

结为是一种人生经验的总结或人生体验的一种深化。

中学生在初次接触学术研究规范时，对于研究方法的学习和运用不宜贪多，可以依照关注的研究领域选择某些重要的研究方法逐一攻破。首先，运用文献查阅的方法找到运用这种方法的若干篇经典研究论文，泛读并筛选出合适的范例。其次，研读范例文献，重点关注作者运用这种研究方法的思路和方式，做好批注和笔记。研读过程中可能会遇到陌生的专业术语和理论概念，这时就需要补充适当的文论知识，不要探究得过深，只要能够理解运用即可。再次，模仿范例文献运用方法的步骤和形式，尝试分析一个与之类似的内容，不一定长篇大论，以提纲或思维导图的形式训练即可。

红楼梦

〔清〕曹雪芹　著

附　录

第六十一回　投鼠忌器宝玉瞒赃　判冤决狱平儿行权

第六十二回　憨湘云醉眠芍药裀　呆香菱情解石榴裙

第六十三回　寿怡红群芳开夜宴　死金丹独艳理亲丧

第六十四回　幽淑女悲题五美吟　浪荡子情遗九龙佩

第六十五回　贾二舍偷娶尤二姨　尤三姐思嫁柳二郎

第六十六回　情小妹耻情归地府　冷二郎一冷入空门

第六十七回　见土仪颦卿思故里　闻秘事凤姐讯家童

第六十八回　苦尤娘赚入大观园　酸凤姐大闹宁国府

第六十九回　弄小巧用借剑杀人　觉大限吞生金自逝

第 七 十 回　林黛玉重建桃花社　史湘云偶填柳絮词

第七十一回　嫌隙人有心生嫌隙　鸳鸯女无意遇鸳鸯

第七十二回　王熙凤恃强羞说病　来旺妇倚势霸成亲

第七十三回　痴丫头误拾绣春囊　懦小姐不问累金凤

第七十四回　惑奸谗抄检大观园　矢孤介杜绝宁国府

第七十五回　开夜宴异兆发悲音　赏中秋新词得佳谶

第七十六回　凸碧堂品笛感凄清　凹晶馆联诗悲寂寞

第七十七回　俏丫鬟抱屈夭风流　美优伶斩情归水月

第七十八回　老学士闲征姽婳词　痴公子杜撰芙蓉诔

第七十九回　薛文起悔娶河东吼　贾迎春误嫁中山狼

第 八 十 回　美香菱屈受贪夫棒　王道士胡诌妒妇方